SALZ

UND

SEHNSUCHT

KURDISCHE GERICHTE UND
GESCHICHTEN AUS NORDSYRIEN

MIT EINEM VORWORT VON
HEINRICH LINTZE

JENIOR
Verlag ◆ Kassel

Bibliographische Information der Deutschen Bibliothek
Die Deutsche Bibliothek verzeichnet diese Publikation in der Deutschen Nationalbibliographie; detaillierte bibliographische Daten sind im Internet über: http://dnb.de abrufbar.

Anmerkungen des Autors:
- Die Texte sind aus meiner Erfahrung und die Geschichten sind von dem Ort, wo ich geboren bin und die ersten meiner 15 Jahre verbracht habe.
- Die kurdische Küche und ihrer Traditionen wurden von der arabischen Küche beeinflusst, und deshalb gibt es im kurdischen Teil Syriens viele Gerichte, die von der arabischen Küche kommen und sie tragen meistens arabische Namen.
- Die Bilder sind aus privatem Besitz.
- Die Gewürze und die unbekannten Lebensmittel kann man in arabischen und meistens auch türkischen Geschäften in Deutschland kaufen.

Auflage 2021

Copyright © 2020 Verlag Winfried Jenior & Rechte der Texte Azad Kour
Marienstraße 5, D-34117 Kassel
Tel.: 0561-7391621, Fax 0561-774148
E-mail: info@jenior.de | www.jenior.de

Illustrationen und Bildbearbeitung: Maryam Andaz
Fotos: Azad Kour und Nina Steinmann
Layout & Formatierung: Pablo Jenior & Janine Mross
Printed in Germany

ISBN 978-3-95978-073-5

Inhaltsverzeichnis

Vorwort von Heinrich Lintze

Vor einem Jahr kam ein Kochbuch heraus, das ich anlässlich der 1000-Jahr-Feier meines Geburtsortes Uschlag, des südlichsten Dorfs in Niedersachsen – wenige Kilometer von Kassel entfernt – geschrieben hatte. In dem Buch habe ich nicht nur viele Rezepte meiner Heimatregion versammelt, sondern auch versucht persönliche Erfahrungen um das Thema Essen und Kochen zu notieren.

Als Azad das Buch bei uns sah, war er sofort begeistert. „Das will ich auch machen – über meine Heimat Kobani." Der Verleger des Uschlag-Kochbuchs, dem ich Azads Idee vorschlug, schüttelte den Kopf und meinte nur: „Den Wunsch, ein Buch zu schreiben, haben viele, aber nur wenige schaffen es." Er kannte Azad nicht, aber viele, die ihn kennen, wissen, dass Azad eine schier unglaubliche Energie mit großer Klarheit vereint, die es ihm erlauben, nicht nur kühne Ideen zu haben, sondern sie auch umzusetzen. Seitdem ist ein Jahr vergangen und jetzt ist das Buch fertig.

Als wir das erste Mal darüber sprachen, drückte er den Wunsch aus, dass er seine Heimat, den von Kurden bewohnten nördlichen Teil Syriens, nicht als geschundenes Land darstellen wollte, sondern als eine Gegend der Welt mit einer reichen Kultur und großen Traditionen. Er selbst fühlt sich nicht als Opfer, er weiß um den großen Schatz, den er in sich trägt. Er möchte mit diesem Buch dazu ermuntern, dass wir die kulturellen (in diesem Fall vor allem gastronomischen) Qualitäten seiner Heimat schätzen lernen und bei Kobani nicht nur immer die rauchenden Trümmer während des Beschusses durch den IS vor Augen haben.

Wenn wir zusammensaßen und über einzelne Themen seines Buches diskutierten, stellten wir immer wieder fest, dass es gar keinen so großen Unterschied macht, ob man auf einem Bauernhof in Südniedersachsen oder Nordsyrien aufgewachsen ist. Viele Vorstellungen, Haltungen und Werte sind sich sehr ähnlich, egal ob man Kirchenglocken oder den Muezzin hört, ob man Auberginen trocknet oder Zuckerrüben erntet. Die ländliche Provinz im Nachkriegsdeutschland tickte nicht viel anders als in Azads Heimat in seiner Kinderzeit.

Lassen Sie sich von den Rezepten verführen, die kurdische Küche kennenzulernen und tauchen Sie ein in das Alltagsleben einer Familie bei Kobani!

von Kobani

nach

Bremen

Von Kobani nach Bremen

Ich heiße Azad Kour. Ich bin im Jahr 2000 in einem kleinen Ort namens Sheran nahe der Stadt Kobani in Nordsyrien geboren und aufgewachsen. Mit meinen Eltern und meinen drei Brüdern habe ich in unserem schönen Haus gewohnt, das wir selbst gebaut haben. In unserem Garten hatten wir einen großen Feigenbaum, drei Olivenbäume, zwei Granatapfelbäume und Weintrauben. Meine Mama hat sich immer um den Garten gekümmert. Meine Brüder und ich nicht so viel. Wir haben uns aber über die Früchte gefreut. Unsere Weintraubenrebe war so groß geworden, dass wir eine Stütze dafür brauchten, sonst wäre sie umgefallen.

Meine gesamte Familie kommt aus Kobani. Wir sind alle dort geboren und aufgewachsen. Inzwischen leben meine Onkel, Tanten, Cousinen und Cousins in vielen verschiedenen Ländern. Für uns ist es mittlerweile ein großer Traum, uns in dem Haus meiner Großeltern wieder zu treffen und zusammen ein Fest zu feiern. So wie früher.

Kobani ist die große Stadt. Die Stadt, in der wir fast alles gekauft haben. Die Stadt, in die ich als kleines Kind neben meinem Opa im Auto jeden Tag gefahren bin.

Ich war der erste Enkel der Familie, deswegen wurde ich auch ein bisschen mehr verwöhnt als die anderen.

Jeder von unserer großen Familie wollte mit mir spielen. Sogar die Töchter von unserem Nachbarn sind manchmal zu uns gekommen und wollten, dass ich mit ihnen spiele. Die meiste Zeit habe ich als Kind aber mit meinem Opa verbracht. Er hatte ein schönes blaues Auto, mit dem er immer sehr gerne gefahren ist.

Er hat manchmal auf dem Weg gesungen und die Hände vom Lenkrad genommen und zu seinem Gesang geklatscht. Das fand ich als kleines Kind immer sehr lustig. Wir sind einfach in das Auto gestiegen und er hat mich gefragt: „Azad, wo sollen wir heute hin?". Wir sind durch die Dörfer gefahren und haben einfach Leute besucht. Er kannte sehr viele Menschen und dadurch kannte ich sie auch alle. Er hat mit seinen Freunden immer das Spiel „Dame" gespielt. Das hat er mir auch beigebracht. Ich durfte sogar manchmal gegen erwachsene Profis spielen. Das war für mich damals schon aufregend. Mein Opa war ein Geschäftsmann, er hatte ein kleines Unternehmen, wo er Auto-Öl verkaufte und später vergrößerte er sein Geschäft und produzierte auch Steine zum Häuser bauen. Bei dem Unternehmen war ich auch immer nach der Schule.

Mein Opa ist manchmal zum Fluss Euphrat gefahren und hat geangelt. Er hat Fische mitgebracht, dann gab es an dem Tag Fisch. Was er und mein Vater auch gerne mochten, war Okra.

Wir hatten viele Okra-Pflanzen in unserem Garten, von denen wir manchmal frische Okra kochen konnten. Das Gericht gibt es sowohl im Winter als auch im Sommer. Im Winter kocht man getrocknete Okra. Wir kaufen im Sommer immer ganz viele und lassen sie in der Sonne trocknen. Im Winter essen wir sie dann.

Auberginen draußen auf dem Feuer kochen

WAS WIR BRAUCHEN

500g FRISCHE OKRA

BIS 400g HACKFLEISCH (NACH GESCHMACK)

EINE DOSE VON DEN GEKOCHTEN KICHERERB-
SEN (ETWA 250G)

4 TOMATEN,
MIT EINER KÜCHENREIBE GERIEBENE

2-3 ZEHEN KNOBLAUCH

1 KLEINGESCHNITTENE ZWIEBEL

1 IN WÜRFEL GESCHNITTENE GRÜNE PAPRIKA

ZITRONE

ÖL

GEWÜRZE:

1 EL PAPRIKA, 1 EL KORIANDER,
1 EL TOMATENMARK, 1 EL SALZ.

Tirşkê Bamiyan

Okra mit Tomaten und Kichererbsen

Eine alte Frau bereitet das Trocknen von Okra vor

Zubereitung

Wir braten das Hackfleisch in ein bisschen Öl, danach kommt die Zwiebel dazu und es wird noch ein wenig braten gelassen. Dann kommen die grüne Paprika, der Knoblauch und die gepressten Tomaten dazu. Das Ganze ein bisschen köcheln lassen, dann einen Liter kochendes Wasser dazu geben und dann die Gewürze. Als letztes kommen die frischen Okra und die gekochten Kichererbsen dazu. Den Topf zudecken und kochen lassen. Wenn wir das Gericht auf den Teller füllen, dann drücken wir ein bisschen Zitrone darauf aus.

Das essen wir mit Bulgur oder am besten mit Reis.

Ich hatte schon in sehr jungen Jahren ein Mofa, mit dem ich immer zum Unternehmen meines Opas gefahren bin. Das Geld für Benzin durfte ich aus der Kasse nehmen, da ich dort auch etwas gearbeitet habe. Manchmal sollte ich Abrechnungen machen, überprüfen, wieviel verkauft wurde und manchmal auch Kunden bedienen. Das war für mich wie ein Hobby. Ich mochte es sehr.

Ich war nicht im Kindergarten und bin dann mit fünf Jahren in die Schule gekommen. Als mein Vater mich zum ersten Mal zur Schule gebracht hat, habe ich geweint. Es war schon schwierig für mich, offiziell zur Schule zu gehen. Da habe ich gemerkt, jetzt wird es ernst. Ich war aber immer sehr gut in der Schule, ich wollte immer der Beste sein. Es hat manchmal funktioniert, manchmal aber auch nicht.

Vor meiner Schulzeit habe ich schon viele Buchstaben und Zahlen zu Hause gelernt. Nach einiger Zeit wurde alles einfacher. Alle in unserer Familie haben mir immer geholfen und mir in ihrer Freizeit aus Spaß neue Sachen beigebracht, so zum Beispiel die Multiplikation. Ich konnte von 1-10 schon als ganz kleiner Junge multiplizieren.

Meine zwei Brüder und ich. Das Mofa hat eine große Rolle in meinem Leben in Syrien gespielt.

Kobani ist eine kurdische Stadt und liegt im Norden an der syrisch-türkischen Grenze. Ihre Einwohner waren und sind immer noch ausschließlich Kurden. Die Stadt hat immer unter der Regierung von Diktator Assad gelitten, weil ihre Einwohner Kurden sind. Kurden wurden unter dem Assad-Regime unterdrückt und wir durften offiziell weder unsere Kultur leben, noch die kurdische Sprache sprechen. Und dann kam der Bürgerkrieg 2011 und es wurde immer schlimmer. Irgendwann kam die große Katastrophe, der Einmarsch des ISIS im September 2014, wo ich, meine Familie und alle Einwohner der Stadt in die Türkei fliehen mussten. Der Krieg um die Stadt hat bis Juli 2015 gedauert, wo dann alles zerstört war.

Während der syrischen Bürgerkriegszeit hat meine Mutter auf unserem Hausdach einen Holzofen aus Sand gebaut und darauf haben wir gekocht, weil wir weder Strom noch Gas hatten.

Niemand kann glauben, dass wir so einen Ofen auf dem Dach hatten, weil das Haus abbrennen könnte und auch, weil niemand auf so eine Idee kommt. Aber meine Mama hatte kluge Ideen, wie sie jede Sache am besten gestaltet. So brauchten wir keinen Strom. Wir brauchten auch kein Gas. Das Essen schmeckte auch viel besser. Im Winter konnten wir wenig auf dem Feuer kochen, weil es im Winter in Kobani sehr kalt ist.

Ein kleiner Holzofen auf unserem Hausdach, auf dem wir oft gekocht haben

Wenn es im Winter lange Zeit nicht geregnet hat, gab es das schöne Ritual, dass die Kinder und Jugendlichen zu den Häusern gegangen sind und geklingelt haben. Sie wollten etwas zu essen haben, zum Beispiel ein bisschen Bulgur oder Reis. Sie haben dann viel Lärm mit Tellern und Löffeln gemacht und dazu noch gesungen, um mehr davon zu bekommen. Am Ende haben sie sich irgendwo versammelt und das ganze Essen, das sie gesammelt hatten, gekocht und zusammen gegessen. Sie sind meistens abends gegangen, wenn es dunkel war. Der Aberglaube sagt, dass es regnen wird, wenn man diesen Jugendlichen Essen gibt.

Regen ist sehr wichtig für die Menschen. Viele haben Felder, wo sie etwas säen und die Ernte als Nebeneinkommen haben, für manche ist es auch ihr Haupteinkommen. Für die Felder nutzen sie den sogenannten Regenfeldanbau und sind somit auf den Niederschlag angewiesen.

Als Kind durfte ich auch mehrmals mitmachen, obwohl ich in meiner Kindheit nicht so viele Freunde hatte, mit denen ich etwas gemacht habe. Einmal, als ein paar Jugendliche zu uns gekommen sind und gefragt haben, ob sie ein bisschen Bulgur zu essen bekommen, habe ich sie gefragt, ob ich auch mitmachen darf. Meine Mama hat mir erlaubt, nachts mit ihnen unterwegs zu sein.

Den Sommer mochte ich auch sehr gerne, aber jetzt, wenn ich an den Sommer dort denke, mag ich ihn tagsüber nicht mehr so gerne, weil es einfach zu heiß und trocken ist. Es gibt nur ein paar Bäume, die grün bleiben. Gegen Mittag wird es sehr heiß und es herrscht Ruhe, weil jeder in seinem Haus ist. Sehr viele Menschen versuchen dann ein bisschen zu schlafen. Auf der Autobahn kann man die Hitzewellen sehen. Alles ist sehr ruhig in der Mittagszeit.

Was aber im Sommer sehr schön war, war die Zeit ab Spätnachmittag. Da konnte man fast alle Menschen auf den Straßen sehen. Viele Leute saßen draußen vor der Tür. Jeder hatte vor seiner Tür sauber gemacht und ein bisschen Wasser verschüttet, damit es etwas kühler wird. Wir hatten das Motto, „wenn jeder vor seiner Haustür sauber macht, dann wird die ganze Straße sauber".

Im Winter war es aber kalt, hat geregnet und es gab fast jedes Jahr Schnee, mal weniger und mal mehr.

Das Haus meines Opas im Winter

Sowohl im Winter als auch im Sommer trinkt man Tee oder Kaffee. Zwischendurch gab es immer wieder mal andere Getränke, wie zum Beispiel Säfte oder Cola. Wenn man krank war, trank man meistens Kräutertee, abgesehen davon gab es immer schwarzen Tee. Wir wurden gar nicht gefragt, was für einen Tee wir haben wollten. Wenn von Tee gesprochen wird, dann ist schwarzer Tee gemeint.

Wir haben ab und zu mal Ausflüge aufs Land gemacht, da, wo man viele Sachen in der Natur einfach ernten kann. Wir haben zum Beispiel Kamille geerntet und davon Kamillen-Tee gemacht. Es war ein sehr intensiver Tee und wir haben ihn meistens im Winter getrunken, wenn man krank war oder das Gefühl hatte, krank zu werden.

Manchmal auch einfach, weil man Lust darauf hatte. Wir haben auch oft etwas zum Kochen gefunden, wie zum Beispiel eine sehr leckere Pflanze, deren Namen ich nicht auf Deutsch weiß, die aber wie Spinat aussieht. Sie wird bei uns zu Hause gekocht und es gibt gebratene Zwiebeln dazu. Diese Ausflüge waren da, um etwas von der Natur mitzukriegen und einige Kräuter oder zum Beispiel Pilze zu ernten und essen.

Meine Lieblingsjahreszeit ist der Frühling, da wird das Land überall grün und die Felder sind voller Blumen. Der Sonnenschein ist sehr angenehm und noch nicht zu heiß. Im Frühling zeigt sich ein komplett anderes Bild als im Sommer. Im Frühling gab es auch immer Klassenausflüge in die Natur und dann hat man etwas zusammen auf dem Feuer gekocht und gegessen.

„Çêgî hek" war ein typisches Beispiel für so ein Gericht. „Çêgî hek" besteht aus Rührei und Bulgur, Tomatensoße und sehr vielen „Gewürzen". Frühlingszwiebeln, Petersilie, Rettich und ähnliches aß man auch dazu.

2011, infolge des Kriegsbeginns, änderte sich die Lebenssituation in Syrien vollständig. Aber für Kobani noch nicht so sehr wie für den Rest von Syrien. Die Stadt hat auch vor dem Krieg sehr viel unter der Regierung gelitten, da die Kurden unterdrückt wurden. Ich erinnere mich noch daran, als ich Kind war und in unserem Wohnzimmer über die Kurden und die kurdische Sprache gesprochen habe. Da hat meine Mama mich gewarnt und gesagt, dass ich leise sein soll. Wir hatten Angst, dass die Nachbarn uns über die Kurden und über die Regierung sprechen hören. Über die kurdischen Parteien und das Land Kurdistan zu sprechen war verboten. Wenn man es getan hätte, hätte man sein Leben verloren.

Während des Bürgerkriegs litt die Stadt unter einer Sperre von dem IS. Wir hatten nur jeden dritten Tag Wasser. Das konnten wir dann in einem Tank aufbewahren und an anderen Tagen benutzen. Strom hatten wir anderthalb Jahre gar nicht. Essen war auch ein großes Problem, wir mussten von Sachen wie Reis und Bulgur und allem, was nicht so schnell verdirbt, sehr viel kaufen, wenn es sie gab, und dann zu Hause lagern. Das Gemüse kam aus der Region. Das konnten wir meistens frisch kaufen, es war aber sehr teuer, weil die Bauern Schwierigkeiten hatten, Gemüse anzupflanzen und zu ernten. Wir konnten trotz großer Angst mehr oder weniger in Ruhe leben, bis die erste Bombe im Jahr 2014 auf die Stadt fiel. Wir saßen am Tisch und wollten Mittag essen. Wir hörten ein sehr lautes Geräusch, sind auf das Dach gegangen und haben die Nachbarn gefragt, was das sein könnte. Sie meinten, dass es eine Bombe vom IS sei. Darauf folgten noch zwei Bomben und das Militär fuhr in Richtung Front, wir haben gemerkt, dass die Situation ernst ist. Wir sind zu der Wohnung von meinem Onkel gefahren, die weit von der Stadt entfernt ist, um erstmal sicher zu sein und die Situation zu beobachten. Die Nacht haben wir dort verbracht. Am Tag danach ist meine Mama wieder kurz nach Hause gegangen, um noch ein paar unserer Sachen zu holen und das war das letzte Mal, dass meine Mama zu Hause war. Unsere Teller und das Besteck vom Mittagessen sind genau dortgeblieben, wo wir sie beim Mittagessen liegen gelassen haben. Danach mussten wir schnell weg, so schnell wie möglich an die türkische Grenze. Kurz

danach in die Türkei. Nach ungefähr neuen Monaten in dem Flüchtlingsla-
ger in der Türkei, habe ich mich auf dem Weg nach Deutschland gemacht.
Ende 2015 stand ich ganz alleine ohne Familie, ohne Freunde, ohne Gepäck,
nur mit dem, was ich am Leib habe, am Bremer Hauptbahnhof und alles
fängt neu an.

Jetzt habe ich für Sie ein Lied vorbereitet, über eine
Geschichte, die mir in der Zeit nach meiner Ankunft
in Deutschland passiert ist. Dieses Lied ist von den
Zollhausboys, die Gruppe, mit der ich Musik mache.
Wenn Sie jetzt auf YouTube gehen und dort „Zollhausboys, Werder Jacke" eingeben, kommen Sie zu
dem Lied. Außerdem finden Sie mehr Informatio-
nen über die Zollhausboys unter www.zollhausboys.
de

Ein Familienausflug mit Pickup

Frühstück-, Mittag-

und Abendessen,

in der Familie

Wochentage sind für uns Sonntag bis Donnerstag und da hatten wir auch Schule. Meine Mama hat erzählt, dass ich, als ich in der ersten Klasse war, auch am Samstag zur Schule gehen musste, somit hatten wir früher 6 Tage Schule pro Woche. Ich musste immer um Viertel nach sieben in der Schule sein, weil der Unterricht um 7.30 Uhr anfing. Alle Schüler mussten um Viertel nach sieben in der Schule sein, weil wir draußen alle hintereinander in einer Reihe wie „Soldaten" stehen mussten. Jede Klasse hatte einen festen Platz. Jeder Lehrer sollte da sein und vor seiner Klasse stehen. Natürlich war der Schulleiter auch dabei. Es gab ein paar Sätze, die alle Schüler zusammen sagen mussten. Der Klassensprecher stand ein paar Meter vor der Klasse und rief Sätze über die Einheit der arabischen Nationalität und der syrischen Republik. Wir mussten auch auf Kommando bestimmte Bewegungen machen. Jeden Donnerstag und jeden Sonntag mussten alle Schüler die syrische Nationalhymne singen. Den Text kannte ich nie richtig, ich habe immer so getan, als ob ich richtig singen würde. Während all dessen durfte man nicht reden.

Meine Grundschule bis zur sechsten Klasse

Es gab immer zwei Gruppen von Schülern. Eine Woche hatten die ersten bis dritten Klassen vormittags Unterricht und die vierten bis sechsten Klassen am Nachmittag und die Woche darauf war es andersrum. Zur siebten Klasse ist man auf das Gymnasium gewechselt. Der Nachmittagsunterricht fing immer um 12.30 Uhr an und ging bis 16.30 Uhr.

Jeden Tag um 6.30 Uhr sind meine Brüder und ich aufgewacht. Mein Vater hatte seinen Kaffee in der Hand und saß schon vor dem Fernseher. Er liebt Nachrichten und Politik. Das hat er von meinem Opa geerbt und ich wahrscheinlich von ihm. Wir haben dann zusammen gefrühstückt. Es gab immer was Schnelles, Kleines zum Frühstücken. Schwarzen Tee mit Zucker gab es immer. Der Zucker wurde in der Kanne mit dem Tee gekocht und nicht in jede Tasse einzeln getan. Es gab Fladenbrot, Butter, Marmelade, Oliven, Olivenöl mit dem Gewürz Zatar, Joghurt und Käse. Manchmal hat Mama für uns auch schnell Rührei gemacht und manchmal gab es auch gekochte Eier. Wir liebten Rührei und aßen es sehr gerne. Eier hatten wir frisch von unseren Hühnern. Vor unserem Haus hatten wir ein kleines Häuschen, in dem wir ein paar Hühner hatten, die für uns ab und zu mal Eier gelegt haben. Sie durften auch den Hof verlassen, sie kamen aber wieder von selbst nach Hause. Wir hatten einen Hahn und der brachte dann die Hühner nach Hause. Ohne Hahn hätten wir unsere Hühner vielleicht verloren.

Meine Mama hat uns immer Schulbrote gemacht, ich mochte es aber nicht, Essen mit in die Schule zu nehmen. Ich habe zu Hause gut gefrühstückt und zum Mittagessen war ich wieder zu Hause. Zum Mittagessen gab es mal was Leckeres, mal nicht.

Es folgen einige einfache Gerichte, die wir im Alltag oft gekocht haben.

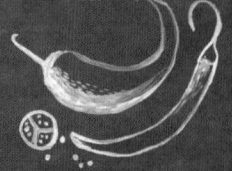

Miferekê Betatan

Kartoffel-Rührei Salat

Wir brauchen:

1/2 KILO KARTOFFELN, 1 EL SALZ, 1/2 TASSE
OLIVENÖL, 1 ROTE PAPRIKA IN KLEINEN WÜRFELN,
1 GRÜNE PAPRIKA IN KLEINEN WÜRFELN,
1/2 EL GEPRESSTEN KNOBLAUCH, 4 EIER,
1 TL PAPRIKAPULVER,
1 TL GEMAHLENEN KORIANDER,
1/2 TL KREUZKÜMMEL, 1 TL KURKUMA,
1 TL PFEFFER, GEHACKTE PETERSILIE

Zubereitung:

Wir schneiden die Kartoffeln in Würfel und geben dazu einen halben EL Salz und kochen das in warmem Wasser. Wenn die Kartoffeln durch sind, gießen wir das Wasser ab.

In einen anderen Topf auf mittlerer Temperatur geben wir das Olivenöl und dazu die rote und grüne Paprika. Wir braten es ein bisschen und geben dann den Knoblauch dazu und mischen es ein bisschen. Wir schlagen die Eier auf und geben auch sie in den Topf. Dazu kommt noch ein EL Paprikapulver, einen TL gemahlenen Koriander, halben TL Kreuzkümmel, einen TL Kurkuma, einen TL Pfeffer. Das Ganze gut durchmischen und die gekochten Kartoffeln sowie noch einen TL Salz dazugeben.

Auf die Teller tun und darauf kommt etwas gehackte Petersilie.

Guten Appetit!

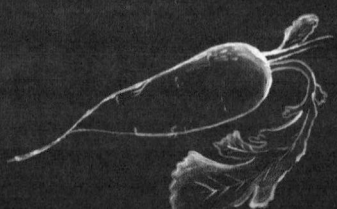

Çêgî Nîsk

Rote Linsen mit Bulgur

Wir brauchen:

1 Becher rote Linsen,
1 EL Salz,
1,5 Becher feinen Bulgur,
2 Zwiebel, Olivenöl,
Petersilie, Frühlings-
zwiebeln,
1 EL Kreuzkümmel, 1/2 EL Paprikapulver,
1/4 Tasse Olivenöl,
Salatblätter für die Garnierung.

Zubereitung:

Wir kochen die Linsen im warmen Wasser (einen Becher Linsen, vier Becher Wasser), Nach etwa 15 Minuten nehmen wir sie vom Herd und geben den Bulgur dazu. Wir decken es ab und lassen es 15 Minuten ziehen.

Wir schneiden die Zwiebel klein und braten sie in drei EL Olivenöl. Danach geben wir die gebratene Zwiebel und einen EL Salz dazu. Des Weiteren geben wir noch dazu: einen EL Kreuzkümmel, einen halben EL Paprikapulver und eine viertel Tasse Olivenöl. Dann schneiden wir die Petersilie und die Frühlingszwiebeln ganz klein und geben sie dazu. Wir mischen das Ganze sehr gut. Wenn der Bulgur noch nicht ganz weich ist, können wir das Ganze mit der Hand ein bisschen kneten. Dann macht man Stücke mit der Form eines Eis in der Hand. Wir legen Salatblätter auf den Teller und an die Seiten und darauf kommen die Çêgî Nîsk Stücke. So wird das Ganze dann serviert.

Hier einige Salate, die wir neben anderen Gerichten gegessen haben:

Fetoş

Wir brauchen:

1,5 IN WÜRFEL GESCHNITTENE GURKEN,
15 KIRSCHTOMATEN (WERDEN HALBIERT).
GESCHNITTENE MINZBLÄTTER (KLEINEN TELLER VOLL),
KLEINEN GARTENSALAT,
DÜNNE SCHEIBEN GESCHNITTENEN ROTEN RETTICH
(NACH GESCHMACK),
1 KLEINE SCHÜSSEL SCHWARZE OLIVEN,
1 NICHT GANZ KLEINGESCHNITTENE ZWIEBEL,
APFELESSIG, GRANATAPFELSAUCE,
1 EL VON DEM GEPRESSTEN KNOBLAUCH,
1 EL SALZ, 1 EL GETROCKNETE MINZE,
PAPRIKAPULVER, OLIVENÖL UND
EIN GROßES ARABISCHES BROT.

Zubereitung

Wir bereiten eine Sauce vor aus Olivenöl, einem TL gepressten Knoblauch, einem TL Paprikapulver.
Wir streichen die Sauce auf das arabische Brot und dann schneiden wir das Brot in kleine viereckige Stücke und legen es auf ein Blech im Ofen, bis es braun wird.

Sauce für den Salat
Wir bereiten eine Sauce für den Salat vor: Olivenöl, Salz, getrocknete Minze, getrocknete Paprika, Knoblauch, Apfelessig, Granatapfelsauce.

Zubereitung des Salats:

In eine Schale kommen die Gurke, Tomaten, kleingeschnittener Gartensalat, Minzblätter, roter Rettich und die Zwiebel. Wir geben die Salatsauce hinzu. Wir mischen das Ganze gut durch. Dann kommen die Oliven und das Brot aus dem Ofen. Es wird ganz vorsichtig kurz gemischt, damit das Brot nicht zerfällt.

Es wird auf einem großen Teller serviert, drum herum gibt es Gartensalatblätter als Garnierung. Ein bisschen Granatapfelsauce wird darauf getan.

WAS WIR BRAUCHEN

2 BUND PETERSILIE
(IN DEN ARABISCHEN LÄDEN KANN MAN
SIE ALS GROßEN STRAUß KAUFEN),

1/2 BUND FRISCHE MINZE,

5 MITTELGROßE TOMATEN,

1 KLEINE ZWIEBEL,

1,5 TL SALZ,

1 TL GETROCKNETE MINZE,

3 EL FEINER BULGUR
(NACH GESCHMACK KANN MAN NOCH MEHR
BULGUR DAZU GEBEN),

1/2 TASSE FRISCHEN ZITRONENSAFT,

1/2 TASSE OLIVENÖL.

Bostanê Bextinosê, Taboulé

Petersiliensalat

Zubereitung:

Bulgur in eine Schale geben und dazu die Hälfte des Zitronensafts tun und das Ganze ziehen lassen.

Minzblätter von dem Stängel nehmen und sie ganz klein zerhacken. Den unteren Teil von dem Stängel von der Petersilie entfernen und die Petersilie ganz klein zerhacken.

Die Tomaten und Zwiebeln in kleine Würfel schneiden.

Wir mischen das Ganze in einer Schale und geben dazu das Salz und die getrocknete Minze, sowie den Bulgur, das Olivenöl und den Rest des Zitronensafts.

Wir mischen es ein bisschen und genießen.

Guten Appetit.

Es gab aber auch einen Kiosk in der Schule, wo man etwas kaufen konnte. Manchmal hat man auch mit Freunden Snacks gekauft und geteilt.

Witzigerweise ist es sogar bei den Kindern so, dass, wenn sie sich etwas zu essen gekauft haben, sie es ihren Freunden angeboten haben. Zum Beispiel, wenn sich jemand Chips gekauft hat, dann hat er die Tüte aufgemacht und sie erstmal seinen Freunden angeboten. Das macht man bei uns so, wenn man etwas isst und jemand, den man kennt, sieht einen dabei, bietet man ihm etwas an und lädt ihn ein, mitzuessen.

Wenn ich aus der Schule gekommen bin, hatte Mama meistens gekocht. Aber manchmal hatte sie auch keine Zeit oder war nicht zuhause, dann gab es was Schnelles, Warmes, was sie gemacht hat oder ich selber gekocht habe. Zum Beispiel **Cilbir.**

Dieses Gericht lernt jeder, wenn er anfängt zu kochen. Es ist sehr bekannt und sehr einfach. Wenn viele Studenten von Zuhause ausziehen, dann essen sie oft dieses Gericht, weil man meistens wenig Zeit braucht, wenig Ausgaben hat und es einfach zu kochen ist. Man isst es mit Brot und trinkt manchmal dazu ein Glas Ayran. Ayran ist ein Getränk, welches auf der Basis von Wasser, Joghurt und Salz hergestellt wird.

Cilbir
Tomaten mit Rührei

Wir brauchen:

2 EL Sonnenblumenöl, 1 kleingeschnittene Zwiebel, 1 kleingeschnittene grüne Paprika, 4 Tomaten, 1/2 TL Salz, 1 Prise Pfeffer und 5 Eier.
Zum Anrichten: ein bisschen gehackte Minze und gehackte Petersilie.

Zubereitung:

In einer Pfanne braten wir die kleingeschnittene Zwiebel in zwei EL Sonnenblumenöl bei kleiner Hitze, danach geben wir eine kleingeschnittene grüne Paprika hinzu. Wir schneiden die Tomaten in Würfel und geben dann das Salz dazu.

Bei mittlerer Temperatur ein bisschen verrühren und dann abdecken, bis die Tomaten kochen. In einer kleinen Schüssel schlagen wir die 5 Eier auf, geben darauf eine Prise Salz und verrühren sie ein bisschen. Dann gießen wir die Eier auf die Tomaten. Wir machen mit einem Löffel kleine Abstände zwischen den Tomaten, so dass die Eier nach unten gehen. Man sieht das Rührei? Dann ist es fertig. Am Ende kommt ein bisschen gehackte Petersilie und gehackte Minze darüber.

Die freien Tage waren bei uns Freitag und Samstag. Freitag war ein schöner Tag, den ich gerne mochte, da wir entspannt aufgestanden sind und alle zusammen gefrühstückt haben.
Das Frühstück war am Freitag manchmal spät, manchmal früh, das hing sehr von der Jahreszeit ab. Im Sommer gab es immer sehr viel Gemüse, gebratene Paprika zum Beispiel. Die hat man einfach so ungeschnitten auf den Herd gelegt. Oder manchmal eine Aubergine, die wie die Paprika ganz auf den Herd gelegt wurde. Dann wird die Schale abgemacht und die Aubergine mit Salz bestreut. Dazu gab es geschnittene Gurken, Tomaten, Frühlingszwiebeln, und Portulak war im Sommer auch sehr beliebt. Portulak hat man auch oft in den Salat getan.
Ansonsten gab es manchmal auch etwas Gekochtes. Wie zum Beispiel Fûl. Fûl sind Ackerbohnen, das sind die rote Breiten Bohnen, die wir gekocht haben und aus denen wir mit Joghurt und Tahin ein Gericht gemacht haben. Fûl zu machen geht so:

In Kobani haben wir Ackerbohnen sehr lange gekocht, aber hier in Deutschland gibt es sie schon gekocht in Dosen.

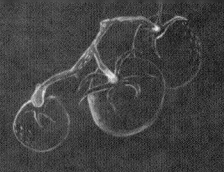

Fûl („Ackerbohnen")

unter dem Namen ägyptische Bohnen auch bekannt:
in Arabischen Läden erhältlich

Wir brauchen:

2 DOSEN GEKOCHTE ACKERBOHNEN, 3-4 EL GEHACKTE PE-
TERSILIE,
2 IN WÜRFEL GESCHNITTENE TOMATEN, 1/2 TASSE ZITRO-
NENSAFT, 1 EL GEPRESSTEN KNOBLAUCH, PRISE SALZ,
1 EL KREUZKÜMMEL (BEZIEHUNGSWEISE NACH GE-
SCHMACK),
1/2 BECHER OLIVENÖL, 1 BECHER TAHIN UND
1 BECHER NATURJOGHURT.

Zubereitung:

Wir erhitzen die Bohnen in ihrer eigenen Sauce in einem Topf. In eine Schale kommt der Joghurt und dazu kommt der gepresste Knoblauch, ein bisschen Salz, Kreuzkümmel, Tahin und Zitronensaft. Wir mischen das sehr gut. Danach kommen die Bohnen auf den Joghurt. Es wird gut gemischt. Wir geben die Hälfte der Tomaten und die Hälfte der Petersilie dazu und vermischen das Ganze.

Am Ende streuen wir noch ein bisschen von der gehackten Petersilie darauf und an die Seiten und in die Mitte legen wir die Tomaten-Würfel. Als letztes geben wir reichlich Olivenöl hinzu und ein bisschen Tahin.

Es wird mit Zwiebeln und eingelegtem Gemüse gegessen, außerdem kann man Rettich, Paprika und Frühlingszwiebeln dazu servieren.

Zum Frühstück haben wir fast immer tierische Produkte gegessen. Es gab beispielsweise nie ein Frühstück ohne Naturjoghurt. Die tierischen Produkte haben wir immer direkt bei den Leuten gekauft, die zum Beispiel eine Kuh hatten und Milch übrig hatten, dann haben sie davon Joghurt und Käse gemacht und an uns verkauft. Wir hatten so etwas wie einen mündlichen Vertrag. Einmal pro Woche haben wir einen 4-5 Kilo großen Eimer mit Joghurt von ihnen geholt.

Im Winter gab es auch manchmal warmes Frühstück. Wir haben ein Gericht, das wir manchmal im Winter sowohl zum Frühstück als auch abends gegessen haben. Das Gericht ist überall in Syrien bekannt und heißt Simût bei uns in Kobani. Wir haben dazu immer sehr gerne Nani Cunci gegessen.

Ein Bäcker bereitet Nani Cunci vor

Simût:

eine dickflüssige süße Speise

Man braucht:

1 Glas groben Grieß,
2 Gläser Zucker,
4 Gläser Wasser,
2 EL Fett
(„Butter", es gibt aber eine Art arabisches Fett),
2 EL Rahm, Prise Zimt zum Kochen und Pistazien für die Deko.

Zubereitung:

Das Wasser mit dem Zucker und dem Zimt in einen Topf geben und bei mittlerer Temperatur aufkochen lassen. Währenddessen bereiten wir den Grieß in einer Pfanne zu.

Wir stellen die Pfanne auf niedrige Temperatur und geben das Fett dazu, bis es schmilzt. Dann geben wir den Grieß dazu und rühren das Ganze, bis der Grieß goldbraun ist.

Das Wasser mit dem Zucker in dem Topf kocht? Dann geben wir den Grieß dazu (Achtung, es spritzt). Wir lassen das Ganze kochen und rühren zwischendurch um.

Wenn es etwas gekocht hat, nehmen wir es vom Herd und lassen es eine halbe Stunde ziehen, bevor wir es essen.

Es gab nicht so viele Käsesorten wie hier in Deutschland. Wir haben nur einmal im Jahr sehr viel Käse gekauft. Das war immer Ende Frühling. Wir haben ihn geschnitten und sehr viel Salz darauf gestreut, damit man ihn gut aufbewahren kann. Dann haben wir lange davon gegessen. Der Geschmack von unserem Käse ist ganz anders als der Geschmack von deutschem Käse. Es ähnelt Halloumi ein bisschen.

Wir haben sehr viele Marmeladen selbst gemacht. Im Garten meiner Großeltern hatten wir einen sehr großen Feigenbaum. Davon haben wir viel gegessen, es war aber trotzdem so viel übrig, dass wir davon Marmelade machen konnten. Auch andere Marmeladen haben wir gemacht, zum Beispiel aus Waldfrüchten, Weintrauben, Rosen, Kürbis oder Zucchini. Mittlerweile hat sich das noch mehr entwickelt und es gibt viele andere wie z.b. Auberginen-Marmelade oder Wassermelonen-Marmelade.

Etwas, was wir noch zum Frühstück hatten, heißt Mekdus. Mekdus besteht aus ganz kleinen Auberginen, die mit Nüssen und scharfen, roten getrockneten Paprika gefüllt sind. Man kocht eine große Menge Auberginen (ca. 30kg) und dann legt man sie zwischen zwei Bretter, so dass das Wasser rausgepresst wird. Nach ein paar Tagen legt man noch schwerere Sachen auf das Brett. Es darf kein Wasser mehr in den Auberginen sein. Dann schneidet man sie leicht in der Mitte auf und füllt sie mit Nüssen und scharfer, getrockneter Paprika sowie anderen Gewürzen. Am Ende gibt man sehr viel Olivenöl dazu und lässt sie für ein paar Tage ruhen. Erst dann werden sie gegessen.

Oliven kauft man frisch und direkt von den Leuten, die sie pflücken. Wir hatten auch unsere eigenen Bäume im Garten. Auf die Oliven schlägt man leicht, so dass sie aufbrechen, aber nicht so, dass die Kerne rausfallen. Dann haben wir Wasser darauf getan und ein paar aufgeschnittene Zitronen. Das Wasser wechselt man oft über viele Tage, bis der bittere Geschmack weggeht und die Oliven besser schmecken.

Zurzeit frühstücke ich in Deutschland mal deutsch und mal wie zu Hause. Aber an manchen Tagen, wenn ich viel Zeit und Hunger habe, frühstücke ich wie zu Hause, mit viel Gemüse und Fladenbrot. Sonst gibt es oft ein schnelles Brötchen mit Gouda in der Pause von der Schulmensa.

Ein sommerliches Frühstück

Bulgur haben wir immer selbst gemacht, obwohl es fertigen zu kaufen gab. Dafür kaufen wir ganz normalen Weizen. Um die 100 Kilo zum Beispiel und den kochen wir mit Wasser in sehr großen Töpfen auf dem Feuer und fast immer draußen. Wenn es fast fertig ist, kommen die Kinder von den Nachbarn mit ihren leeren Tellern und wollen etwas davon haben, weil es sehr gut schmeckt. Sie stehen in der Reihe und jeder kriegt einen vollen Teller. Manchmal kommen auch richtig viele Kinder.

Nachdem es gekocht ist, lassen wir es an der Sonne auf dem Dach ein paar Tage trocknen.

Danach geht der gekochte, getrocknete Weizen durch eine Maschine durch, die zu einem nach Hause kommt, wenn man die Maschine bestellt.

Die Maschine hackt den Weizen klein in unterschiedliche Größen. Danach muss man den Bulgur durch verschiedene Siebe durchlassen, um zu sortieren in feinem, grobem und normalem Bulgur.

Wir brauchen für verschiedene Gerichte verschiedene Arten von Bulgur.

Die Kinder warten, bis sie etwas vom gekochten Weizen bekommen.
Eine Frau, die Bulgur durch ein Sieb schütteln

Zum Beispiel für Çêgî goşt braucht man etwas feineren Bulgur als für normalen Bulgur, den man wie Reis kocht. Wie man Çêgî goşt macht, steht auf Seite 85.

Das Ritual am Freitag war, dass nach dem Frühstück erstmal alle duschen, weil Freitag auch Moscheetag ist und man rein sein muss. Auch lange Fingernägel müssen geschnitten werden. Es war verboten mit langen Fingernägeln in die Schule zu gehen. Gegen Mittag gingen die Männer in die Moschee. Obwohl im Islam steht, dass Männer und Frauen hingehen sollen, sind nur die Männer hingegangen. Das war Tradition und die Religion ist sehr viel von den Traditionen beeinflusst. Da haben die Leute gebetet und man hat immer viele Bekannte getroffen, die man sonst nicht trifft. Einige Menschen haben an den anderen Tagen gar nicht gebetet, sind aber trotzdem am Freitag zur Moschee gegangen, um zu beten. Einige Kinder sind auch gerne mitgegangen, aber sie durften nicht immer, weil sie oft nicht leise blieben und rumhüpften. An den freien Tagen (Freitag und Samstag) sind auch oft Verwandte oder Bekannte zu Besuch gekommen. Opa und Oma wohnten nicht so weit von uns entfernt. Wir haben sie fast jeden Tag gesehen. Meine Tante ist manchmal zu Besuch gekommen, oder der Onkel meines Vaters. Sie haben immer etwas für die Kinder mitgebracht. Meine Tante wohnte weiter auf dem Land und sie hatte Felder voller Pistazienbäume. Es gab oft frische Pistazien und frisches Gemüse aus ihrem Garten. Oder der Onkel meines Vaters hat immer Süßigkeiten aus der Stadt mitgebracht.

Nachdem die Leute aus der Moschee gekommen sind, gab es Mittagessen. An den sehr kalten Tagen schmeckt eine Linsensuppe zum Mittagessen sehr gut und das haben wir manchmal gemacht oder ein Rezept mit ganz viel Getreide: Tirşkê Holik. Das waren nicht die einzigen Gerichte, aber man hat sie ab und zu gekocht.

Die Linsensuppe wird auch sehr oft während des Ramadans gekocht.

Für die Linsensuppe gibt es zwei Varianten:

Lepe nîskî

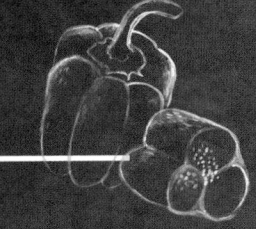

(Linsensuppe)

Man braucht:

1/2 GLAS OLIVENÖL, 1 KLEINGESCHNITTENE ZWIEBEL,
3 KLEINGESCHNITTENE KNOBLAUCHZEHEN,
2 GESCHNITTENE KAROTTEN, 2 GESCHNITTENE KARTOFFELN,
1 GESCHNITTENE TOMATE, 1 GLAS ROTE LINSEN.
GEWÜRZE: 1 PRISE KURKUMA, 1 PRISE KREUZKÜMMEL,
1 EL SALZ.
3 EL ZITRONENSAFT, 6 GLÄSER KOCHENDES WASSER,
FLADENBROT UND EIN BISSCHEN OLIVENÖL MIT 1 EL
PAPRIKAPULVER ZUM SCHLUSS

Zubereitung:

Olivenöl in einen Dampfkochtopf geben (falls einer vorhanden ist),
dazu kommen die Zwiebeln und es wird bei niedriger Temperatur ein
bisschen gebraten. Gleich danach kommen die Knoblauchzehen hinzu. Als nächstes kommen die Karotten und die Kartoffeln. Sie werden
ein bisschen gebraten. Schließlich kommen die geschnittenen Tomaten und dann die Linsen dazu. Die Gewürze tun wir auch rein und
rühren das Ganze um. Als letztes gießen wir das Wasser dazu und
legen den Deckel darauf.
Nach 30 Minuten pürieren wir das Ganze mit einem Pürierstab, so
dass man kein Gemüse mehr erkennt und es flüssig wird.
Es kommt in einen tiefen Teller und zur Dekoration können wir in
Öl frittiertes Fladenbrot um den Tellerrand legen. Und darauf kommt
Olivenöl mit scharfer Paprika.

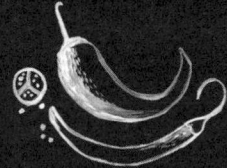

Oder die einfache Variante:

Was wir brauchen:

1,5 BECHER ROTE LINSEN,

1/2 TASSE ÖL,

1 EL SALZ, 1TL KURKUMA, 1 TL KREUZKÜMMEL UND

1 KLEINGESCHNITTENE ZWIEBEL.

Zubereitung:

Die gewaschenen Linsen werden in einen Topf gegeben. Dazu kommen 6 Becher gekochtes Wasser und das Öl. Wir lassen es auf dem Herd kochen. Zwischendurch rühren wir ein bisschen um und dann wird es abgedeckt. Wenn es gekocht ist und die Linsen weich werden, kommen Salz, Kurkuma und Kreuzkümmel dazu.

Wir braten in einer Pfanne die Zwiebel in ein bisschen Öl an und geben das in den Topf zu der Suppe. Wir lassen es noch ein bisschen kochen und dann ist es fertig.

Wenn beim Kochen das Wasser im Topf zu wenig ist, könnt ihr immer noch ein bisschen mehr dazu geben.

Ich mag dazu Zitrone sehr gerne und eine Prise Paprikapulver.

Tirşkê Holik

Ein traditionelles, sehr altes Gericht

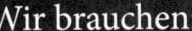

Wir brauchen:

1/2 Becher gekochte Kichererbsen,
1/2 Becher gekochte Linsen, 1/2 Becher Mehl,
1 Becher feinen Bulgur, 1 große geschnittene
Zwiebel, 1 EL Tomatenmark, 1 EL Paprikamark,
Öl, 1 EL Salz, 2 EL getrocknete Minze und 1
EL schwarzer Pfeffer

Zubereitung:

Ein bisschen heißes Wasser über den Bulgur gießen, so dass er zieht. Dann geben wir das Tomaten- und Paprikamark dazu, auch Salz, Pfeffer und getrocknete Minze.

Dann kneten wir das Ganze ein bisschen. Danach geben wir das Mehl dazu und kneten weiter, sodass es ein „Teig" wird, aus Bulgur und Mehl. Dann machen wir aus diesem Teig kleine Bällchen in der Hand und legen sie in eine Schale. Wenn die kleinen Bälle nicht halten, heißt das, dass zu wenig Mehl drin ist und wir noch ein bisschen Mehl dazu geben müssen.

Wir geben kochendes Wasser in einen Topf, dann geben wir einen EL Tomatenmark dazu. Dann geben wir die Teigbällchen dazu. Wenn es ein bisschen kocht, dann geben wir die gekochten Kichererbsen und die gekochten Linsen dazu.

In einer Pfanne braten wir die geschnittene Zwiebel in reichlich Öl an und geben sie anschließend in den Topf.

In Kobani wird immer aus dem Kopf gekocht und fast nie nach Rezepten. Einige Rezepte sind über Generationen überliefert. Und einige haben sich mit der Zeit entwickelt. Wenn die Leute im Ausland waren, haben sie manchmal Ideen mitgebracht. Mein Vater war eine Zeit in Libyen und als er wieder zuhause war, hat er für uns Nudeln auf libysche Art gekocht. Das war auch lecker. Jetzt habe ich ihn gefragt, wie er das macht:

Ma'kronê Lêbiyan

Wir brauchen:

1/2 Hähnchen mit Knochen, Sonnenblumenöl,
500g Nudeln,
3 Kartoffeln, 3 Tomaten, 2 Zwiebeln,
1 Spitzpaprika oder 1 scharfe Paprika,
1 EL Paprikamark, 1/2 EL Tomatenmark,
7 Knoblauchzehen.
Gewürze: 1 TL getrocknete Minze,
1 TL Kreuzkümmel, 1 TL gemahlenen Koriander
und 1 TL Salz

Zubereitung:

Wir schneiden das Hähnchen in mittelkleine Stücke, dann braten wir
es und die kleingeschnittenen Knoblauchzehen in ein bisschen Sonnenblumenöl an und gießen danach heißes Wasser darauf, so dass das
Wasser das Fleisch bedeckt. Wir schneiden sowohl die Kartoffeln als
auch die Zwiebeln in Würfel und geben sie dann zu dem Hähnchen,
wenn das Wasser anfängt zu kochen. Kurz danach schneiden wir die
Tomaten und die Paprika in Würfel und geben sie dazu. Jetzt kommen die Gewürze: ein TL getrocknete Minze, ein TL Kreuzkümmel,
ein TL Koriander und ein TL Salz. Wir rühren das ein bisschen um
und geben dann das Tomaten- und Paprikamark dazu und rühren
das Ganze nochmal um. Wir lassen es ein bisschen kochen. Sobald
die Kartoffeln und das Fleisch durch sind, geben wir die Nudeln trocken dazu und lassen das ganze zusammen auf niedriger Temperatur
köcheln. Zwischendurch rühren wir das Ganze um.
Man trinkt gerne Ayran dazu und isst Frühlingszwiebeln und grüne
Paprika dazu.

Es ist bei uns oft so, dass man zu einer warmen Mahlzeit etwas Grünes isst. Zum Beispiel Frühlingzwiebeln oder grüne Paprika. Man isst auch Petersilie oder frische Minze einfach so zu den Hauptspeisen.

Verwandte zu Besuch

Wir sitzen immer auf dem Boden und essen. Zum Sitzen gibt es bestimmte Matratzen mit Kissen. Damit sieht der Raum auch viel größer aus als normal. Aber im Sommer reicht auch nur ein Teppich. Der Teppich ist kühler als die Matratzen. Außerdem gibt es in jedem Haus in mehreren Zimmern einen großen Ventilator, der an der Decke befestigt ist - wegen der Hitze. Einige Häuser haben auch eine Klimaanlage. Als ich in Syrien war, hatten wir leider keine.

Für das Essen wird ein geeignetes Tuch auf den Boden gelegt und darauf wird gedeckt. Im Gegensatz zu Deutschland sind Tische unbeliebt, genauso wie Messer und Gabel.

Das Brot wird mit der Hand gegessen und die anderen Gerichte meistens mit dem Löffel. Es gibt im Vergleich zu Deutschland nur sehr wenige Arten von Brot. Wir aßen immer Fladenbrot. Es gab ein sehr leckeres Brot, das man besonders zum Frühstück aß und das es nur in Kobani gibt. Es heißt Nani Konci, was „das Brot mit Sesam" bedeutet. Es kommt ursprünglich aus dem kurdischen Teil der Türkei. Es sieht von oben braun aus und von unten weiß. Man backt es, wie der Name schon sagt, mit Sesam. Es gibt auch bestimmte Bäcker dafür, die nur diese Art von Brot morgens früh backen.

Eine andere Art von Brot, welches wir nur an den sehr sonnigen und schönen Tagen, meistens im Frühling, zum Frühstück zu Hause selbst backen, ist Nani Tireh. Das ist ähnlich wie Fladenbrot, aber viel dünner und größer. Um das zu backen, braucht man ein echtes Feuer draußen und alle sitzen drum herum und schauen zu. Eine Familie allein macht das eigentlich nicht oft. Die Großeltern machen das und alle ihre Kinder und Engelkinder kommen dazu. Oft ist es so, dass die ältere Generation das in den früheren Zeiten, als es noch keine Bäcker gab, jeden Tag für den Alltag gebacken hat. Meine Oma hat das oft für uns gemacht und wir sind alle hingegangen. Nachdem man es gebacken hat, ist es oft so, dass man ein paar davon auch an die Nachbarn verteilt, weil sie es riechen und mitbekommen.

Mit zwei Stöcken wird das Brot über offenen Feuern jongliert und gebacken

Die Leute essen in Kobani immer mit der rechten Hand, außer die Linkshänder. Sie essen mitl links. Mit rechts zu essen kommt aus dem Islam. Der Islam sagt, dass man mit der rechten Hand essen soll und alle guten Sachen auch damit tun soll. Weil sich die Menschen in arabischen Ländern früher mit links die Hintern geputzt haben und deshalb galt die linke Hand als unrein. Das ist dann irgendwann eine Tradition geworden, an die man sich gewöhnt hat und es ist schwer, das loszulassen. Ich selbst hatte Schwierigkeiten mit der linken Hand in Deutschland zu essen, weil ich daran nicht gewöhnt bin. Ich kann es mittlerweile mit beiden Händen.

Eine ungesunde Sache, die meine Brüder und ich uns angewöhnt hatten und worüber wir uns oft mit unserer Mama gestritten hatten, war das Essen vor dem Schlafengehen.

Besonders im Winter geht man abends spät ungern nach draußen und weil wir Langeweile hatten, haben wir an Essen gedacht.

Die Jungs: „Mama, wir haben Hunger!"

Mama: „Nein! Es gibt kein Essen vor dem Schlafen, ihr geht gleich ins Bett."

Jungs: „Wir haben aber Hunger und wollen was essen."

Mama: „Es ist ungesund, jetzt noch zu essen, außerdem gewöhnt ihr euch daran und wollt das jeden Abend. Es gibt morgen Frühstück."

Wenn Mama uns kein Essen zubereiten wollte, waren wir frech und haben sie provoziert, dass sie geizig sei und uns nur deswegen kein Essen geben will. So haben wir jeden Tag noch richtig spät gegessen. Was wir gerne aßen, war das gebratene Fladenbrot mit Joghurt, Oliven, Makdus, …

Im Winter hatten wir Feuerheizungen. Sie stehen mitten im Raum und sind mit einem Schornstein nach draußen verbunden. Sie funktionieren allerdings mit Diesel. Es riecht nicht und man kann das Feuer darin sehen. Sie sind auch sehr warm. Man sitzt immer darum herum, damit man sich schön wärmen kann. Wir hatten immer unser Fladenbrot mit der Hand an die Heizung gelegt, bis es braun wurde. Dann haben wir dieses Brot mit Joghurt gegessen. Das schmeckt richtig gut.

Unsere Heizung im Winter

Fleisch in Kobani

Fleisch ist ein Luxus in Syrien, den sich nicht jeder leisten kann. Deswegen tun die Menschen in Kobani auch wenig Fleisch ins Essen und es gibt manchmal lange Zeiten, wo eine Familie gar kein Fleisch isst, weil sie es sich nicht leisten kann. Es wird auch wenig Fleisch gegrillt. In Kobani hatten wir keine großen Schlachthöfe. Es gab viele kleine Schlachter, die Schlachttiere von Privatleuten gekauft haben und die fast jeden Morgen, je nach Bedarf, Tiere geschlachtet haben. Das waren für einen kleinen Schlachter vielleicht nur ein oder zwei Schafe. Das Fleisch ist auch sehr lecker, wenn es frisch geschlachtet ist und man es direkt kauft. Man konnte sehen, wie das Fleisch beim Schlachter im Kühlschrank im Laden hängt. Wir gingen hin und zeigten, von welchem Körperteil wir jetzt das Fleisch haben wollten. Er hat es dann zugeschnitten und an uns verkauft.

Bei Hähnchen war es nicht anders. Auch hier sind es kleine Schlachter. Kleine Läden, die lebende Hühner in einem Zaun im Laden haben. Man geht dahin und zeigt, ich möchte zum Beispiel dieses Hähnchen das ungefähr zwei Kg wiegt. Dann wurde es gefangen, vor deinen Augen geschlachtet, in die Maschine gepackt, sauber gemacht, geschnitten und dir gegeben. Dann bin ich nach Hause gekommen und wir haben es dann direkt gekocht.

In meiner Zeit in Kobani konnte man nicht nur Flügel von einem Hähnchen kaufen oder nur die Brust, weil es dieses gefrorene, verpackte Fleisch nicht gab, man „musste" das ganze Hähnchen nehmen, dadurch war es teuer.

Nachdem 2015 viele Flüchtlinge nach Deutschland kamen, wo das Fleisch im Vergleich zu anderen Produkten sehr günstig ist, haben sie angefangen, auch viel Fleisch zu essen. Meiner Erfahrung nach hat fast jeder in seinem ersten Jahr in Deutschland richtig viel Fleisch gegessen. Einige haben aber mit der Zeit den Fleischkonsum wieder reduziert und einige essen jetzt genau so viel wie früher.

„Vegetarisch" kannte ich in Syrien gar nicht. Ich hatte schon mal davon gehört, aber ich kannte keine Vegetarier und das wäre in der Gesellschaft fast unmöglich. Andererseits haben wir auch wenig Fleisch und dafür viel Gemüse gegessen.

Gerade versuche ich so wenig Fleisch wie möglich zu essen. Einerseits, weil die Tiere hier in Deutschland nicht so frei wie bei uns leben und viele Medikamente bekommen. Das Fleisch ist dadurch weniger gesund. Andererseits habe ich durch Diskussionen mit Freunden und das Lesen von Büchern mehr Verständnis für Tiere entwickelt. Ein weiterer Grund ist natürlich, dass Fleischkonsum schlecht für das Klima ist.

Wenn ich meiner Mama erzähle, dass ich versuche, Vegetarier zu werden, kann sie es nur schwer verstehen. Aber wenn ich ihr erkläre, wie die Tierhaltung hier ist und dass das Fleisch hier anders ist als bei uns, dann kann sie das mehr nachvollziehen. Weil das Fleisch im Vergleich zu der wirtschaftlichen Situation der Menschen früher noch teurer war und die Menschen sich keinen Grill leisten konnten, ist das Gericht Faqir Kebabi entstanden. Faqir Kebabi heißt, „der Grill für die Armen". Weil sie meinten, dass das genau so lecker wie gegrilltes Fleisch sein kann. Da grillt man nur Gemüse, was im Vergleich zum Fleisch viel günstiger war und ist.

Das Gericht wird original auf dem Feuer gekocht, aber in Deutschland kann man es auch gut im Ofen backen.

Faqir Kebabi

Wir brauchen:

3 AUBERGINEN, 3 ZWIEBELN, 2 PAPRIKA,
5 TOMATEN, 5 ZEHEN GEPRESSTEN KNOBLAUCH,
SALZ, PFEFFER, SONNENBLUMENÖL.

Zubereitung:

Wir schneiden die Auberginen in Scheiben und legen sie auf ein Blech.
Wir schälen die Zwiebeln und schneiden diese auch in Scheiben. Wir
schneiden Paprika in Ringe. Zwiebeln und Paprika kommen auf ein
anderes Blech. Eine Prise Salz über die Gemüse und dann braten wir
sie im Ofen bei 200 C°.

Nach einer Zeit, wenn die Gemüse anfangen braun zu werden, nehmen wir die Bleche raus und drehen die Seiten der Scheiben einmal.
Wenn beide Seiten braun sind, nehmen wir sie raus und lassen sie ein
bisschen abkühlen, dann machen wir die Auberginen und Zwiebeln
kleiner, je nach Geschmack.

Wir schneiden die Tomaten in Würfel und braten sie in ein paar Löffeln Sonnenblumenöl. Dazu geben wir den gepressten Knoblauch mit
einer Prise Salz und einer Prise Pfeffer dazu und zum Schluss dann
das gegrillte Gemüse. Am Ende lassen wir das Ganze zusammen ein
bisschen braten und dann ist es fertig.

Einige Gerichte, die zu unserem Alltag gut passen und die wir zu
Hause gekocht haben:

Das erste Gericht ist Becanli. Ich mag Becanli sehr gerne, es ist eines
meiner Lieblingsgerichte. Ich habe es selbst sehr oft gekocht. Wir haben dieses Gericht auch gekocht, wenn wir Leute zum Essen eingeladen haben oder im Ramadan haben wir es auch oft gekocht. Es zu
kochen ist nicht schwierig.

Becanli

(Im Ofen gebackene Auberginen mit Hackfleisch)

Man braucht:

500g Hackfleisch, kleingeschnittene Petersilie,
1 sehr kleingeschnittene Zwiebel
Gewürze: 1 TL Salz, 1 TL Kreuzkümmel,
1 TL Pfeffer und Paprikapulver
3-4 Auberginen, 2-3 Tomaten, 1-2 Zwiebeln,
Sonnenblumenöl, 5 Knoblauchzehen

Zubereitung:

Das Hackfleisch, die geschnittene Petersilie und die geschnittene Zwiebel in eine Schale geben und die Gewürze mit dem gepresstem Knoblauch hinzufügen. Anschließend alles mit der Hand mischen.

Die Auberginen in etwa 2 cm dicke Scheibe schneiden. Nun wird das Hackfleisch zwischen die Auberginenscheiben getan. Das Ganze kommt dann auf ein Backblech. Die Tomaten und restlichen Zwiebeln in Scheiben schneiden und um die Auberginen herum anordnen. Auf die Auberginen kommt dann noch etwas Sonnenblumenöl und dann wird das ganze bei 200 Grad für 50 Min. im Ofen gebacken.

Reis mit Gemüse

ist ein schnell gemachtes, gesundes, veganes und leckeres Gericht.
Wenn man mit einer Familie lebt, gibt es oft Essenszeiten, wo man Hunger
hat und gekocht wird, aber wenn man allein lebt, versucht man es einfach
zu machen und sucht etwas, was einfach und lecker ist. So oft habe ich das
gekocht, weil ich Hunger hatte und wenig Zeit.

Wir brauchen:

1 AUBERGINE,
4-5 GESCHNITTENE KNOBLAUCHZEHEN,
3-4 TOMATEN,
1 PAPRIKA,
1 ZWIEBEL,
SONNENBLUMENÖL,
300G REIS

GEWÜRZE: 1 EL SALZ, 1 EL PAPRIKAPULVER,
              1/2 TL KREUZKÜMMEL

Zubereitung:

Die Auberginen in Würfel schneiden und in einem Topf mit Sonnenblumenöl anbraten. Kurz danach kommen die kleingeschnittenen Zwiebeln
dazu sowie die ebenfalls kleingeschnittene Paprika. Dann kommen die
kleingeschnittenen Tomaten und der Knoblauch dazu. Dann das Ganze mit
den Gewürzen abschmecken. Anschließend kommt der Reis dazu mit einer
nicht allzu großen Menge Wasser. Die Herdtemperatur etwas reduzieren
und das Ganze kochen lassen, bis der Reis durch ist. Und schon ist es fertig.

Religiöse Feste

und ihre

kulinarischen Traditionen

Religiöse Feste und ihre kulinarischen Traditionen

Zu jedem Land und zu der Kultur und Tradition gehören auch Feste. Hier sind ein paar Feste, die wir in Syrien gefeiert haben.

Ramadan

Ramadan ist der neunte Monat im islamischen Mondkalender. Obwohl die jüngeren Menschen in Kobani nicht sehr religiös sind, im Gegensatz zu den Erwachsenen, haben fast alle gefastet. Es gibt sogar viele Witze darüber, dass viele Menschen nur im Monat Ramadan religiös werden und nach dem Ramadan hören sie wieder damit auf.

Dreißig Tage essen und trinken die Menschen von Sonnenaufgang bis Sonnenuntergang gar nichts. Auch Wasser oder irgendwas anderes darf man nicht zu sich nehmen. Der Zeitpunkt des Ramadans wandert und findet jedes Jahr elf Tage früher als im Vorjahr statt. Eine sehr schöne Atmosphäre herrscht in der Stadt und am Spätnachmittag duftet es schon überall nach leckerem Essen. Wenn man den ganzen Tag nichts gegessen und getrunken hat, dann schmeckt das Essen immer besonders gut.

Vor dem Sonnenaufgang frühstückt man, das nennt man Suhur. Suhur besteht aus kalten Speisen: Fladenbrot, Joghurt, Eiern, Datteln und Obst und dazu trinkt man Tee. Salzige Speisen versuchten wir zu vermeiden, weil man am Tag danach dann sehr viel Durst hat. Ganz beliebt unter anderem war bei uns zu Hause eine kalte Wassermelone, die wir am Abend vor dem Schlafengehen geschnitten und neben unsere Betten auf dem Dach unter freiem Himmel gelegt haben, damit sie kühl wird. Einige Menschen kochten auch ein paar Kleinigkeiten oder aßen das, was sie vom Iftar noch hatten. Iftar ist die Mahlzeit, wenn man nach dem Sonnenuntergang das Fasten bricht.

In der Zeit, als ich in Kobani war, war der Ramadan fast immer im Sommer, und im Sommer schlafen wir immer auf unserem Dach. Das tun dann alle Menschen für 4-5 Monate im Jahr. Wenn einige Menschen keinen Zugang zum Dach haben, haben sie im Garten geschlafen, weil es warm war.

Bett im Garten unterm freien Himmel

Wenn wir zum Suhur aufstehen, dann hören wir überall, wie die Menschen kochen oder auf den Dächern an der frischen Luft essen.

Als ich Kind war, habe ich immer meine Mama gebeten, dass sie mich zum Suhur aufweckt, obwohl ich als Kind nicht gefastet habe. Das machen die Kinder sehr gerne. Jeden Morgen stand ich dann wütend auf und stritt mit Mama, weil sie mich nicht aufgeweckt hatte. Aber sie meinte, dass sie es versucht hatte, ich aber immer weiterschlafen wollte. Dann habe ich ihr Tipps gegeben, wie sie mich aufweckt, zum Beispiel, dass sie ein paar Tropfen Wasser auf mein Gesicht gießt, weil ich unbedingt dabei sein wollte. Alle wollen zum Suhur aufstehen. Das ist so ein schönes Gefühl, man will dabei sein, man steht mitten in der Nacht auf. Die Moscheen rufen und lesen einige Verse vom islamischen Heiligen Buch „Quran", die Sterne verschwinden langsam, ein ruhiger, kühler Wind weht. Es ist der Übergang zum Sonnenaufgang. Man guckt auf die Straße, ob dort noch jemand zu sehen ist. Man redet auch möglichst leise, da die Nachbarn einen hören können. Mama und Papa gehen nach unten und bereiten den Suhur vor.

Nach dem Sonnenuntergang bricht man das Fasten. Es wird mit einem Glas Wasser und einer Dattel gebrochen. So hat es der Prophet Mohamed gemacht. Danach gibt es oft eine Suppe. Es war oft eine Linsensuppe. Andere Vorspeisen, die lecker sind:

Baba genoç

Wir brauchen:

4 AUBERGINEN,
2 EL KLEINGESCHNITTENE ROTE PAPRIKA,
2 EL KLEINGESCHNITTENE GRÜNE PAPRIKA,
3 EL KLEINGESCHNITTENE TOMATE,
3 EL GESCHNITTENE PETERSILIE,
1,5 EL GEPRESSTEN KNOBLAUCH,
3 EL GRANATAPFEL-SAFT, 1 EL SALZ,
EIN BISSCHEN ZITRONENSAFT (NACH GESCHMACK),
2 EL KLEIN GEHACKTE WALNÜSSE, 1 EL VOM INNE-
REN EINER ZITRONE, 1/4 TASSE OLIVENÖL.
ZUM ANRICHTEN: 3 EL GRANATAPFELKERNE.

Zubereitung:

Wir machen mit einer Gabel ein paar Löcher in die Auberginen und legen sie ungeschnitten auf ein Blech in den Backofen für ca. 45 min. Dann nehmen wir sie raus, wenn sie gar sind, und schälen sie (man kann sie ganz gut mit der Hand oder mit Hilfe eines Messers schälen) und legen sie in ein Sieb, damit das Wasser raustropft.

Wir schneiden die Auberginen ganz klein und legen sie in eine Schale. Dazu kommen die anderen Zutaten: Salz, Tomate, Petersilie, beide Paprika, Knoblauch, Zitrone, Zitronensaft, Granatapfelsaft, Walnüsse.

Dann mischen wir das Ganze sehr gut mit einem Löffel.

Es kommt auf einen Teller und darauf kommt das Olivenöl und Granatapfel zum Servieren.

Oder

Sogilme

Wir brauchen:

2-4 AUBERGINEN,
1/2 BECHER TAHIN,
1 TL SALZ,
1 EL GEPRESSTEN KNOBLAUCH,
3 EL KLEINGESCHNITTENE PETERSILIE,
EIN PAAR EL ZITRONENSAFT,
1/2 BECHER NATURJOGHURT,
OLIVENÖL, ETWAS GRANATAPFEL UND
EIN PAAR MINZBLÄTTER ZUM ANRICHTEN.

Zubereitung:

Wir stechen mit einer Gabel ein paar Löcher in die Auberginen und legen sie ungeschnitten auf ein Blech in den Backofen für ca. 45 Min. Dann nehmen wir sie raus, wenn sie gekocht sind, und schälen sie. (man kann sie ganz gut mit der Hand oder mit Hilfe eines Messers schälen) und legen sie in ein Sieb.

In eine Schale kommen die Auberginen und dazu Salz, Knoblauch, Zitronensaft, Petersilie, Joghurt und Tahin.

Wir mischen es ein bisschen und dann verrühren wir das Ganze mit dem Handmixer.

Wir tun dies auf einen Teller und darauf kommen Olivenöl, ein bisschen Granatapfel und die Minzblätter.

Hummus ist auch beliebt in der Ramadanzeit. Man isst es auch manchmal zum Suhur.

Hummus

Wir brauchen:

500G GEKOCHTE KALTE KICHERERBSEN, 1/2 TASSE ZITRONEN-
SAFT, 150G TAHIN, 1 EL SALZ, 1 TL KREUZKÜMMEL,
ETWA 7 EISWÜRFEL.
FALLS VORHANDEN: 1 EL GEHACKTE PETERSILIE UND 1 EL GE-
HACKTEN FRISCHEN GRÜNEN KORIANDER.
FÜR DEN TELLER: EIN BISSCHEN OLIVENÖL UND PINIENKERNE.

Zubereitung:

Wir zerkleinern die Eiswürfel in einem Mixer, geben dann die Kichererbsen, gehackte Petersilie, gehackten Koriander, Kreuzkümmel, Salz und Zitronensaft hinzu. Wir mixen es mit dem vorhandenen Gerät etwas und geben dann den Tahin dazu. Wir mixen weiter, falls es sehr trocken ist, geben
wir noch ein bisschen kaltes Wasser dazu. Dann ist der Hummus fertig.
Auf dem Teller kommen noch ein bisschen Olivenöl, ein paar Pinienkerne
und eine Prise Kreuzkümmel darauf. Guten Appetit.

Die Hauptgerichte sind sehr vielfältig. Zum Beispiel:

Miloxîya,
wird fast immer mit Reis gegessen.

Miloxîya ist eine grüne Pflanze, sie sieht ähnlich aus wie Spinat, schmeckt
aber ganz anders. Auf Deutsch habe ich gelernt, dass es „Concours" oder
„Malvenblätter" heißt. Man kocht nur das getrocknete Blatt. Zum Kaufen
gibt es sie aber in den deutschen Supermärkten nicht. In den arabischen Läden findet man sie jedoch auch in Deutschland. Original syrisch ist es, diese
mit Hähnchenbrust zu essen. Ich habe es in letzter Zeit oft vegan gekocht,
es hat auch gut geschmeckt. Die Menschen machen es total unterschiedlich.

Wir brauchen:

100-150G MILOXÎYA, 1 KLEINE SCHÜSSEL GEHACKTEN KORIANDER,
ETWA 200G BUTTER (IN DEN ARABISCHEN LÄDEN KANN MAN DIE
ARABISCHE BUTTER DAFÜR KAUFEN), 1/2 BECHER ZITRONENSAFT
ODER 1 TL ZITRONENSALZ, 1 EL GEPRESSTEN KNOBLAUCH UND
ETWA 15 GESCHÄLTE KNOBLAUCHZEHEN,
1 EL GETROCKNETER KORIANDER, 1 TL SALZ.
400 G HÄHNCHENBRUST, 3 GETROCKNETE LORBEERBLÄTTER,
1/2 TL GRÜNEN KARDAMOM, 1 PRISE ZIMT, 1 PRISE INGWER,
1/2 TL PFEFFER, 3 EL ÖL, 1 TL SALZ.

Zubereitung:

In einen Topf kommt das geschnittene Hähnchen mit drei getrockneten Lorbeerblättern, ein halber TL grüner Kardamom, eine Prise Zimt, eine Prise Ingwer, ein halber TL Pfeffer, drei EL Öl, einen TL Salz. Wir braten das alles ein bisschen und geben dann ausreichend Wasser dazu und lassen es kochen.

Wenn es durch ist, nehmen wir das Fleisch raus und tun es auf einen Teller und bewahren die Soße für später auf.

Wir waschen die Miloxîya vorsichtig und sehr gründlich, am besten mehrmals. Vorsichtig, damit die Blätter nicht kaputt gehen und wir entfernen gelbe Blätter und kleine Stücke und versuchen nur die grünen Blätter zu lassen.

In einem Topf braten wir die ganzen Knoblauchzehen in der Butter, kurz danach kommt der frisch gehackte Koriander, danach die Miloxîya dazu und alles wird gebraten. Wir geben 1 TL Salz und getrockneten Koriander dazu.

Dann verteilen wir die gekochte Hähnchenbrust auf die Miloxîya und gießen die Hähnchensoße darauf und vermischen es. Wir decken es zu und lassen es kochen. Zwischendurch wird es ein bisschen umgerührt. Gegen Ende geben wir einen EL gepressten Knoblauch und den Zitronensaft hinzu. (Ich selber mag es, wenn viel Zitronensaft drin ist). Es wird nochmal gut gerührt und für 5 Minuten abgedeckt.

Guten Appetit.

Ein Ofengericht:

Tewê Betata

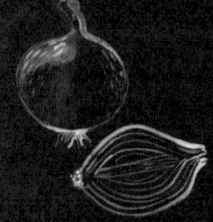

Wir brauchen:

1 KG HÄHNCHEN MIT KNOCHEN (IN KOBANI HABEN WIR
IMMER EIN KOMPLETTES GESCHNITTENES KLEINES HÄHN-
CHEN MIT FAST ALLEN KÖRPERTEILEN GENOMMEN),
2 EL NATURJOGHURT, 1 EL GEPRESSTEN KNOBLAUCH,
1 EL TOMATENMARK, 1 EL PAPRIKAMARK,
1/2 TL INGWER, 1/2 TL ZIMT, 1/2 TL KURKUMA,
1 EL KORIANDERPULVER, 1/2 TL KARDAMOM,
1 TL SALZ, 1/4 TASSE OLIVENÖL, 1 KG KARTOFFELN,
3 TOMATEN, 2 ZWIEBELN, 2 SPITZPAPRIKA,
1 EL GETROCKNETE MINZE, 1 TL PFEFFER,
2 EL GEHACKTE PETERSILIE FÜR DIE GARNIERUNG.

Zubereitung:

Wir bereiten eine Soße zum Hähnchen-Marinieren. In eine Schüssel
kommen die folgenden Zutaten: zwei EL Naturjoghurt, einen EL gepresster Knoblauch, einen EL Tomatenmark, einen EL Paprikamark,
einen halben TL Ingwer, einen halben TL Zimt, einen halben TL Kurkuma, einen TL gemahlenen Koriander, einen halben TL Kardamom,
einen TL Salz, eine Viertel Tasse Olivenöl.
Wir mischen das Ganze sehr gut, und geben die Hähnchenteile dazu.
Wir verteilen die Soße sehr gut auf dem Hähnchen, decken es ab und
lassen es eine Stunde ziehen.

Ofen vorheizen auf 180°. Wir schneiden die Kartoffeln in Scheiben
und halbieren die Scheiben noch einmal in der Mitte. Wir schneiden
die Tomaten in Würfel und die Zwiebeln in Viertel

Sie kommen alle auf ein Blech und darauf kommt ein halber TL Salz (nach Geschmack), getrocknete Minze, Pfeffer und das marinierte Hähnchen. Wir mischen mit den Händen oder mit zwei großen Löffeln das Ganze sehr gut und positionieren das Hähnchen oben auf den Kartoffeln auf dem Blech. Wir schneiden die Paprika in Viertel, entfernen Kerne und legen sie an die Seiten auf das Blech.

Wir geben das Blech für ca. eine Stunde bei 180 C° in den Ofen. Wir nehmen es raus, probieren eine Kartoffel und bekommen ein Gefühl davon, wie es schmeckt - wenn die Kartoffeln durch sind, ist es fertig.

Wir streuen als letztes die gehackte Petersilie darauf und fertig.

Guten Appetit.

Ein bekannter Nachtisch ist Şirîyaniya kinafê. kinafê haben wir am meisten im Ramadan gegessen.

Kinafê (Süßigkeit)

Kinafê heißt auf Deutsch: Engelshaarnudeln und ist eine Süßigkeit, die in vielen Ländern bekannt ist. Es gibt viele Varianten, wie man es zubereitet. Man kann eine Sahne dafür zu Hause vorbereiten oder man nimmt einfach den Mozzarella Käse anstatt Sahne.

Ich mache es so:

Man braucht:

KINAFÊ: 500G (DT. ENGELSHAARNUDELN, FINDET MAN IM KÜHL-REGAL)
FETT (BUTTER): EINE HALBE BIS EINE TASSE GESCHMOLZENE BUTTER CA. 200G

Für die Sahne:

Milch brauchen wir zwei Mal, einmal: ein Liter Milch, beim zweiten Mal: drei Tassen Milch, zwei EL Essig, zwei EL Zucker, 5 EL Maizena, einen EL Orangenblütenwasser.

Sirup

Zucker: zwei Tassen (je nachdem, wie süß man den Sirup möchte)
Wasser: Eineinhalb Tassen
Zitronensaft: ein TL

1. Schritt

Wir brechen das ganze Kinafê mit der Hand, so dass es ganz fein wird. Dann gießen wir die geschmolzene Butter darauf und mischen alles zusammen, sodass das ganze kinafê nass wird. Das Blech muss als erstes eingefettet werden (mit Butter). Dann geben wir die Hälfte von der Kinafê-Masse darauf und verteilen es überall gleichmäßig.

2. Schritt

Jetzt bereiten wir die Sahne vor. Wir kochen einen Liter Milch im Topf auf. Kurz bevor die Milch kocht, gießen wir zwei Löffel Essig dazu und rühren das um, bis die Milch fester wird. Den festen Teil schöpfen wir ab und geben ihn auf einen Teller.

In einen anderen Topf gießen wir die drei Tassen Milch, zwei Löffel Zucker und fünf Löffel Maizena. Das Ganze wird aufgekocht (bei ständigem Rühren). Dann mischen wir die beiden Massen mit einem Rührgerät und verteilen sie gleichmäßig auf dem Blech und lassen an den Seiten 1 Cm frei. Wir packen den zweiten Teil des Kinafê darauf und verteilen es überall gleichmäßig und drücken es ganz leicht fest.

Jetzt kommt das Blech für 40 bis 50 Minuten auf 200 C° in den Backofen. Erst nur Unterhitze und nach 20 Minuten auf Ober- und Unterhitze schalten, so dass es oben braun wird.

Sirup Zubereitung

Wir geben den Zucker, das Wasser und den Zitronensaft in einen kleinen Topf, lassen alles aufkochen und dann ca. 10 Minuten köcheln. Dann nehmen wir den Topf vom Herd und lassen den Sirup abkühlen.

Sobald das Blech aus dem Ofen genommen wird, gießen wir den Zuckersirup gleichmäßig auf das Kinafê. Wir dekorieren das kinafê mit klein gehackten Pistazien.

Alternative:
Für eine einfachere Version kann auch Mozzarella (statt Sahne) verwendet werden. Dazu wird der Mozzarella 30 Minuten in kaltes Wasser gelegt, um den Salzgehalt zu verringern. Dann wird er in Scheiben geschnitten und zwischen die beiden kinafê-Teile gelegt.

Ich habe bemerkt, dass die Menschen im Ramadan versuchen, immer besser als normal zu kochen. Sie achten mehr auf ihre Ernährung und werden sich bewusst, wie viel sie essen und versuchen, das zu kochen, was sie eigentlich zum Essen brauchen und möglichst wenig wegzuschmeißen.

Das Schöne ist, dass alle auf die Minute genau anfangen zu essen und zu trinken. Das Essen ist fertig, alles ist gedeckt und man sitzt da und wartet darauf, bis man anfangen darf zu essen. Es kommt ein starkes Geräusch, sowie ein Feuerwerk oder wie das Geräusch von einer Bombe, die weit weg explodiert. Das kommt aber nur einmal. Das macht die Behörde, um ein Zeichen zu geben, dass man jetzt anfangen darf zu essen.

Sehr oft bringt man einen Teller von dem Essen, das man als Hauptgericht gekocht hat, den Nachbarn. Der Nachbar spült den Teller ab und gibt etwas vom Hauptgericht, das seine Familie gekocht hat, an den Nachbarn zurück. So tauscht und teilt man das Essen.

Meqlobê

Wir brauchen:

3 Auberginen, Öl zum Braten der Auberginen, 500g Hackfleisch (mehr oder weniger, je nach Geschmack), 2 TL Pfeffer, 4 TL Salz (für Fleisch und Reis), 1 TL Ingwer, 3 Tassen Basmati Reis, 1 TL gepressten Knoblauch, 2 Tomaten in Scheiben geschnitten, 2 EL Olivenöl.
Für die Deko: 1 paar kleine Paprikastücke, gehackte Petersilie, gebratene Mandeln.

Zubereitung:

Als erstes schneiden wir die Auberginen in Scheiben und braten sie in heißem Öl, bis sie etwas braun werden.

Fleischzubereitung: Wir braten das Fleisch an, dazu kommt ein TL Pfeffer, ein TL Salz.

Reiszubereitung: Wir waschen den Reis mehrmals und lassen ihn für 15 Minuten in heißem Wasser ziehen. Danach gießen wir das Wasser ab und es kommen die Gewürze hinzu: ein TL Ingwer, ein TL Pfeffer, zwei TL Salz, ein TL gepresster Knoblauch.

Wir mischen den Reis und die Gewürze sehr gut durch.

Als erstes verteilt man die Tomatenscheiben überall im Topf. Danach legen wir die Auberginenscheiben auf die Seiten, so dass die Scheiben halb unten (auf den Tomaten) und halb an den Seiten des Topfs liegen. Sehr dicht aneinander und überall verteilt.

Wenn wir noch Auberginenscheiben übrighaben, legen wir sie unten in den Topf.

Dann kommt der Reis in die Mitte auf die Auberginen und Tomaten. Wenn wir den Reis hinzugefügt haben, drücken wir ihn vorsichtig mit einem Löffel fest.

Wir geben genügend heißes Wasser zu dem Reis, etwa 3 Tassen, und kochen es auf einer niedrigen Temperatur. Wenn es gekocht ist, geben wir zwei EL Olivenöl dazu und drücken den Reis vorsichtig wieder mit einem Löffel fest. Wir dürfen ihn nicht umrühren.

Wir holen einen etwas größeren Teller, größer als der Topf, und legen ihn auf den Topf, anstatt eines Deckels. Dann drehen wir den Topf rasch auf den Kopf und heben den Topf ganz vorsichtig hoch. Der Reis bleibt wie ein Kuchen stehen.

Dann verteilen wir das gebratene Fleisch darauf und kleine Paprikastücke an den Ecken und ein paar Mandeln und Petersilie, so dass es schön aussieht.

Aubergine mit Hähnchenbrust und Reis,

Wir brauchen:

4 AUBERGINEN, 4 TOMATEN, 4 ZWIEBELN, ÖL ZUM BRATEN,
500G HÄHNCHENBRUST (NACH GESCHMACK),
GEHACKTE PETERSILIE, 1 TL GEMAHLENEN KORIANDER,
1 EL PAPRIKAPULVER, 1 EL PFEFFER, 1 EL SALZ,
1 KLEINE GRÜNE PAPRIKA, 1 EL TOMATENMARK.

Zubereitung:

Wir entfernen das Grüne vorn an den Auberginen und schälen sie halb, so dass schwarz-weiße Striche sichtbar werden. Wir braten sie im heißen Öl bis sie braun werden. Dann braten wir im heißen Öl zwei Tomaten und zwei geschälte Zwiebeln, ohne beide vorher zu schneiden.

Füllung-Vorbereitung:

In einer Pfanne braten wir eine kleingeschnittene Zwiebel und geben das Hähnchen dazu. Nachdem es gebraten wurde, geben wir eine kleingeschnittene Tomate dazu und lassen es ein bisschen kochen. Als nächstes geben wir gehackte Petersilie, einen TL Koriander, einen EL getrocknete Paprika, einen EL Pfeffer und Salz dazu.
Ofen vorheizen auf 220 Grad.

Auf ein Blech legen wir eine in Scheiben geschnittene Tomate und eine Zwiebel.

Dann legen wir die gebratenen Auberginen darauf und schneiden sie von oben nach unten auf, allerdings nicht ganz, so dass man sie gut mit der Füllung füllen kann. Wir machen die Auberginen mit der Hand auf und legen Füllung rein.

Genauso machen wir es auch mit den gebratenen Tomaten und gebratenen Zwiebeln: in der Mitte aufschneiden, mit der Füllung füllen.

Die grüne Paprika schneiden und zwischen die Auberginen und Tomaten legen.

In eine Schüssel geben wir einen EL Tomatenmark, ein bisschen Wasser dazu und verrühren es sehr gut, so dass es flüssig wird. Wir gießen es überall an.

Wir stellen es in den Ofen (220°C) und nach ca. 35 Minuten ist es fertig.

Am besten macht man Reis dazu.

Auch wenn kein Ramadan ist, geben die Menschen sehr oft Essen an ihre Nachbarn ab. Der Freitag ist heilig, er ist wie der Sonntag bei den Christen in Deutschland. Deswegen gibt man einen Teller von dem Abendessen, das man am Donnerstagabend gekocht hat, dem Nachbarn. Einige Menschen geben Essen auch am Dienstagabend. Bei meiner Oma war es so, auch wenn sie nichts Warmes gekocht hatte, hat sie was anderes gegeben, wie Zucker oder Gemüse. Sie wollte etwas geben, egal was. Das alles habe ich selbst erlebt, aber ich denke, das wird bei uns auch immer weniger mit der Zeit.

Im Ramadan ist es auch üblich, dass die Menschen, die es finanziell können, möglichst sehr vielen Menschen etwas zu essen spenden. Entweder ein halbes Kilo Hackfleisch an die nächsten z.b. 40 Nachbarn und Bekannten oder was mein Opa mal gemacht hat, dass er sehr viele verschiedene Obstsorten und Früchte gekauft und verteilt hat.

Einige Menschen verteilen nur Weintrauben oder Feigen aus ihrem eigenen Garten oder man verteilt Datteln. Man braucht Datteln sowieso jeden Tag im Ramadan, da man jeden Tag als Erstes eine Dattel zum Fastenbrechen isst.

Meine Eltern haben letztes Jahr im Ramadan Maarouk verteilt. Maarouk ist aus Teig und ist sehr weich. Es ist ein bisschen süß. Man isst es gerne mit Tee zum Suhur.

Das Zuckerfest

Nach dreißig Tagen Ramadan kommt das Zuckerfest, auf Arabisch Eid El Fitir.

Am 29. oder am 30. Tag des Ramadan schaut man bzw. die Regierung am Abend, ob man den Mond sehen kann. Wenn ja, dann ist am Tag danach das Zuckerfest. Wenn man den Mond nicht sehen kann, dann muss man noch einen Tag fasten. Deswegen ist der Zuckerfest nicht in allen muslimischen Ländern am selben Tag. Einige sehen den Mond und andere nicht.

Ein paar Tage vor dem Zuckerfest kaufen alle Menschen festliche schöne Kleidung, die sie am Tag des Zuckerfestes anziehen. Darauf freuen sich erstmal immer alle Kinder. Damit auch die ärmeren Haushalte neue Sachen kaufen können, muss jeder den armen Familien etwas Geld geben. Die Höhe der Spende hängt von der Größe der spendenden Familie ab. Zum Beispiel: Mein Vater hat vier Kinder, dann muss er Geld für uns alle spenden. Je nachdem, wie hoch die Preise in dem Jahr sind, wird die Summe dieser Spende angepasst.

Es gibt niemanden, der es kontrolliert, das wurde irgendwann mal von der Religion festgemacht. Und jeder tut es einfach aus moralischen Gründen. Außerdem backt man Zuckerfest-Kekse vor dem Zuckerfest und sie sind sehr ähnlich wie die Weihnachtskekse. Wir haben immer sehr viel gebacken, damit sie nicht in zwei Tagen alle werden.

Das Zuckerfest dauert drei Tage. Die Kinder können vor Freude kaum schlafen. Sie legen ihre neuen Klamotten neben ihr Bett, wenn sie schlafen. Am ersten Tag wacht man automatisch ganz früh morgens auf. Egal wie früh ich aufgestanden bin, Mama und Papa waren vor mir wach. Sie tranken ihre Kaffee oder Tee. Im Fernsehen konnte man das Gebet aus der Hauptstadt Damaskus verfolgen und wie der Präsident Assad zum Gebet kommt. Währenddessen zieht man sich seine neuen Klamotten an und geht in die Moschee. Es kommen ganz viele Menschen, auch Leute, die normalerweise nicht unbedingt zur Moschee kommen. Es ist fast wie Weihnachten, wenn die Menschen zur Kirche gehen. Gratuliert wird erst nach dem Moscheebesuch. Wenn man mit dem Gebet fertig ist, gratuliert man demjenigen, der neben einem sitzt.

Gefrühstückt wird irgendwann vormittags. Es ist nicht ganz einfach, weil die Kinder schnell rausgehen, sie gehen zu den Großeltern und einfach unter Leute. Man erwischt sie nicht zum Frühstück.

Zu frühstücken ist ganz komisch. Nachdem man dreißig Tage lang (tagsüber) nichts gegessen und getrunken hat, kann man nicht einfach anfangen zu essen. Am Anfang, jedes Mal, wenn du etwas im Mund hast, überlegst du automatisch, darf ich das jetzt?

Danach gehen sehr viele Menschen zum Friedhof und dort gibt es dann sehr viele Süßigkeiten und Kekse, die man an die Menschen verteilt. Man gratuliert den Verstorbenen und redet ein bisschen mit ihnen. Einige sitzen da und lesen Quran für ihre Verstorbenen.

Zu Hause fangen alle Menschen an, einander zu besuchen. Bei Opa und Oma ist immer das größte Fest. Da sind alle Söhne und Töchter mit ihren Kindern. Manchmal wird ein Teil vom großen Mittagessen in der Nacht vor dem Fest vorbereitet, da man an dem Tag kaum Zeit hat, weil man sehr viele Menschen besucht oder Besuch bekommt. Ein gutes Gericht dafür kann Dolma sein. Davon macht man einfach einen großen Topf.

Sarme û Dolme:

Gefüllte Auberginen, Paprika, Zucchini und Weinblätter (man kann es auch sehr gut vegan machen)

Man kann entweder frische Auberginen und Zucchini kaufen und sie entleeren von dem, was drin ist. Oder man kauft getrocknete dafür geeignete geleerte Auberginen in einem arabischen oder türkischen Laden. Es gibt auch eingelegte Weinblätter, die man kaufen kann.

Was wir brauchen:

2 BECHER BALDO REIS (DER REIS IST ETWAS DICKER ALS DER NORMALE), 1 EL SALZ.
UNTERSCHIEDLICHE GEMÜSE (NACH GESCHMACK): AUBERGINEN (ETWAS KLEINERE, NICHT DIE GANZ DICKEN), ZUCCHINI, PAPRIKA, WEINBLÄTTER.
ETWA 400G HACKFLEISCH, 1 FEIN GESCHNITTENE ZWIEBEL, GEHACKTE PETERSILIE, GEHACKTE MINZE,
2 EL GEPRESSTEN KNOBLAUCH, 2 EL TOMATENMARK,
2 EL SCHARFE PAPRIKAPASTE.
GEWÜRZE: 1 EL GETROCKNETE MINZE, 1 TL KREUZKÜMMEL,
1 TL PFEFFER, 1 TL INGWER, 1 EL SALZ.
OLIVENÖL ODER SONNENBLUMENÖL: 1/2 TASSE,
1/2 TASSE GRANATAPFEL-SOßE.
FÜR DIE SOßE: 1 LITER WASSER, 1 EL SALZ, 1 EL GETROCKNETE MINZE, 1 TL KREUZKÜMMEL, 1 EL PAPRIKAPULVER,
1 EL TOMATENCREME.
1/2 TASSE ZITRONENSAFT.

Zubereitung:

Wir geben den Reis in eine Schale und dazu kommt ein EL Salz und ausreichend heißes Wasser. Wir lassen ihn ziehen.

Bei dem Gemüse schneiden wir oben eine Scheibe ab und entfernen die Kerne. Es gibt auch dafür einen geeigneten Löffel, mit dem man gut die innere Füllung rausnehmen kann. So machen wir es mit Auberginen und

Zucchini. Wir entfernen die Kerne und das Grüne von der Paprika.
ODER: Wenn wir getrocknete entleerte Auberginen im Laden kaufen, müssen wir sie etwa 10 Minuten im heißen Wasser aufkochen und dann die Weinblätter dazu geben und noch 5 Minuten kochen. Danach legen wir sie ein bisschen unter kaltes Wasser, bevor wir sie mit dem Reis füllen.

Füllung Vorbereitung:

In eine große Schüssel kommt das Hackfleisch, eine fein geschnittene Zwiebel, gehackte Petersilie, gehackte Minze, zwei EL gepresster Knoblauch, zwei EL Tomatenmark, zwei EL scharfe Paprikapaste und dazu noch die Gewürze: Ein EL getrocknete Minze, ein TL Kreuzkümmel, ein TL Pfeffer, ein TL Ingwer, ein EL Salz.

Olivenöl oder Sonnenblumenöl: eine viertel bis halbe Tasse, eine viertel Tasse Granatapfel-Soße.
Wir mischen es. Wir waschen den Reis gut und geben ihn in die Schale und mischen das Ganze sehr gut.

Wir füllen die Gemüse mit dem Reis. Wir füllen sie halb voll, weil wenn der Reis kocht, bekommt er ein größeres Volumen. Genauso tun wir es auch mit den Weinblättern, wir legen sie offen hin und legen den Reis in die Mitte, klappen die Seiten um und rollen sie zu.
In einem Topf legen wir das Ganze ordentlich hin.

Eine Soße vorbereiten:

Ein Liter Wasser, ein EL Salz, ein EL getrocknete Minze, ein TL Kreuzkümmel, ein EL Paprikapulver, ein EL Tomatenmark.

Nachdem wir die gefüllten Gemüse in den Topf gelegt haben, geben wir die Soße darauf und legen einen schweren Teller auf das Gemüse. Ansonsten kommt der Reis raus aus dem Gemüse.

Dann decken wir es zu und kochen es auf einer hohen und nach 30 Minuten auf einer niedrigeren Temperatur.
Nach einer Stunde geben wir den Zitronensaft dazu und lassen es noch ein bisschen kochen und dann ist es fertig.

Zum Essen nehmen wir die Soße raus und dann das Gemüse.
Die Soße wird dazu gegessen.

Wie man Weinblätter mit Reis füllt

Die Kinder allgemein bekommen Geld als Geschenk von ihren Eltern und Großeltern und anderen Erwachsenen der Familie. Darauf freuen sich alle sehr. Als Kind hat man dann eine große Summe Geld, die man normalerweise nicht hat. Außerdem kommen alle Nachbarn, Verwandten und Bekannten zu Besuch. Dafür braucht man keinen Termin oder eine Verabredung, es funktioniert immer ohne. Den Gästen bietet man Süßigkeiten, Kekse, Kaffee oder Tee an. Mittags gibt es eine große Mahlzeit, denn die Familien sind sehr groß. Man trifft allgemein sehr viele Menschen, die man normalerweise nicht trifft.

Am zweiten Tag wird es ein bisschen ruhiger. Da fährt man meistens irgendwelche Bekannte in anderen Orten oder in der Stadt besuchen.

Es gibt sehr viele verschiedene Arten von Keksen. Hier schreibe ich wie man Berazi (syrische Kekse) macht:

Was wir brauchen

500g Mehl, 500g goldenen Sesam,

1 1/2 Tassen Zucker,

1/2 Becher Wasser, 1/4 Becher Sirup,

1 kleine Schüssel Pistazien,

250g Fett (Butter).

Sirup können wir auch Zuhause vorbereiten, dafür brauchen wir:

1 Tasse Zucker und 1/2 Tasse Wasser.

Berazî

syrische Kekse

Zubereitung

1. Teigvorbereitung:

In einer Schale mischen wir das Mehl mit dem Fett sehr gut, dass ein Teig entsteht, ca. 7 Minuten kneten. Dann stellen wir den Teig eine halbe Stunde in den Kühlschrank.

2. Sirup Vorbereitung:

Wir kochen eine Tasse Zucker mit einer halben Tasse Wasser und rühren es manchmal, bis es kocht. Dann nehmen wir es vom Herd und lassen es kühlen.

3. Sesam Vorbereitung:

In einer Schale kommt der Sesam und dazu zwei EL Zucker und zwei EL Sirup. Wir kneten das gut zusammen. Dann geben wir zwei EL Wasser dazu und mischen das gut.

Im Kühlschrank wird der Teig hart, nach einer halben Stunde nehmen wir ihn raus und geben ein Becher Zucker, einen halben Becher Wasser und eine Viertel Tasse Sirup dazu. Jetzt kneten wir es wieder gut mit der Hand und lassen es 15 Minuten liegen.

Jetzt können wir in der Hand kleine Kekse formen und dann legen wir die eine Seite in Pistazien und drücken ein bisschen, so dass welche am Teig kleben und die andere Seite in Sesam genauso.

10 Minuten vorher den Ofen auf 170° vorheizen, alle Kekse auf ein Blech legen und in den Ofen schieben, auf 170° für 8-10 Minuten backen.

Opferfest

Zwei Monate und fast zehn Tage nach dem Zuckerfest kommt das nächste islamische Fest: Das Opferfest, genannt auch das große Fest. Die Zeit dieses Festes wandert auch jedes Jahr ein bisschen, da es vom Ramadan abhängig ist. Dieses Fest dauert vier Tage und ähnelt dem Zuckerfest, so dass man schöne Kleidung anzieht und in die Moschee geht, danach auch noch zum Friedhof. Es gibt viele Süßigkeiten und Kekse, Geld als Geschenk für die Kinder. Alles ist ähnlich wie beim Zuckerfest. Aber es gibt zwei Besonderheiten, die erste ist: Dass an diesem Fest die Pilgerfahrt stattfindet. Viele Menschen fahren ein paar Tage vor dem Fest nach Saudi-Arabien, nach Mekka. Da fängt die Pilgerfahrt an. Nach vielen Tagen und vielen Regeln der Pilgerfahrt stehen die Menschen am ersten Opferfesttag auf dem Heiligen Berg „Arafat-Berg". Da fängt das Fest an.

Die zweite Besonderheit dieses Festes ist, dass beim Opferfest viel geschlachtet wird, so wie es im Islam nach der Geschichte von dem Propheten Abraham und seinem Sohn verlangt wird.

Geschlachtet werden und können mehrere Tierarten wie Kamele, Schafe, Ziegen, Kühe usw. Es dürfen aber keine Vögel oder Meerestiere sein. Bei uns haben wir hauptsächlich Kühe und Schafe geschlachtet.

Es dürfen sich sieben Familien eine Kuh teilen, weil eine Kuh zu groß für eine Familie ist, denke ich. Sie wird 1-2 Wochen vor dem Fest gekauft. Meistens schlachten die Menschen, wenn sie nach dem Gebet aus der Moschee zurückkommen. Aber allgemein darf man an einem der vier Festtage schlachten. Die Familien verabreden sich mit einem Schlachter, der für sie das erledigt. Alle helfen dann mit zu schneiden und sortieren nach Knochen, rotem Fleisch oder Fett. Es wird vielleicht in einem Garten von jemandem geschlachtet oder manchmal war es auch einfach auf der Straße. Es wird eine große Plane auf den Boden gelegt und das Fleisch darauf gelegt.

Am Ende wird alles gerecht in 7 Teile geteilt. Jede Familie nimmt ihren Teil mit nach Hause und dort teilt sie es in drei Teile. Ein Teil muss an die Nachbarn verteilt werden, meistens gibt man nur denjenigen, die in dem Jahr kein Opfer haben. Weil allgemein nicht alle das tun. Es gibt sehr viele Familien, die sich das nicht leisten können, aber oft bekommen sie genug von

den vielen Nachbarn. Der zweite Teil geht an die Verwandten und Bekannten, die zu Besuch kommen oder die weit weg wohnen und kein Opfer haben. Den dritten Teil isst man mit der Familie. An diesem Fest wird viel Fleisch gegessen. Alle, die sich kein Fleisch leisten können, freuen sich, dass sie mindestens an diesem Fest grillen können. Oder Fleisch braten und mit Gemüse essen. Viele Menschen stellen das Fleisch in den Kühlschrank und essen es dann an den Tagen nach dem Fest.

Mein kleiner Bruder Hozan vor dem Fleisch eines Opfers.

Newroz

Das sind die beiden islamischen Feste, die man überall in Syrien feiert. Bestimmt feiern die arabischen Städte anders als wir, da die Kultur sich ein bisschen unterscheidet. Das dritte Fest feiern nur die Kurdinnen und Kurden und es heißt Newroz (auf Deutsch: Neuer Tag).

Am 21. März in jedem Jahr ist Newroz und das ist der erste Tag des Jahres im kurdischen Kalender, der 700 Jahre vor Christus begonnen wurde. Es war immer verboten dieses Fest in Syrien zu feiern. Am 21.3. wollen die Kurden feiern und alle weigerten sich zur Arbeit oder zur Schule zu gehen, da es eigentlich kein Feiertag war.

Es gab immer Probleme mit der Regierung an dem Tag, weil es an dem Tag kurdische Musik, Tanz und vieles andere gab, was verboten war. An dem Tag wurde immer festgestellt, dass es viele Kurden in dem Land gibt, was die Regierung nicht wollte. Kurden gibt es nicht, haben sie immer gesagt.

Irgendwann mal hat die syrische Regierung den 21.3. als Muttertag angekündigt und damit zu einem Feiertag gemacht. Da war für die Araber der 21.3. ein Muttertag. Wir haben ihn aber immer noch als kurdischen Nationaltag gefeiert. Immerhin ist er zu einem Feiertag gemacht worden. Die Kurden sagen: wir legen unseren Muttertag an einen anderen Tag im Jahr.

Die kurdische Gemeinschaft feiert diesen Nationaltag auf den Bergen. Die Nacht vor dem Newroz sind wir alle auf die Berge gegangen und haben dort viele sehr große Feuer gemacht. Feuer ist das Symbol von Newroz. Der ganze Berg wurde hell von all den verschiedenen Feuern und wenn man von unten auf den Berg guckt, dann leuchtet es überall.

Danach sind wir runter in die Stadt gekommen, wo überall laute Musik und Tausende von Menschen auf den Straßen waren und tanzten. Es wurde demonstriert und gefeiert. Als die syrische Regierung noch in Kobani präsent war, gab es auch in der Nacht sehr viele Schlägereien mit der Polizei. Sie haben uns nicht in Ruhe gelassen.

Am nächsten Tag macht man einen Ausflug in die Berge. Wir in Kobani hatten keinen richtigen Berg, sondern nur ein paar große Hügel, die über der Stadt waren, wo man alles sehen konnte. Da waren alle und wenn man von Weitem guckt, sieht man einfach, dass der Berg von den Menschen bedeckt ist.

Ich erinnere mich daran, als ich Kind war, wollten wir mal in die Stadt auf den Hügel, wo alle feiern. Vor der Stadt hat die Polizei uns angehalten und gefragt, wo wir hinwollen. Wir meinten, wir wollen einfach in die Stadt shoppen, sie wussten, dass wir zur Feier wollten, weil tausende Autos hintereinanderstanden und man schon die laute Musik vom „Berg" hörte. Sie haben uns dann fahren lassen. Es ist aber schon oft passiert, dass die Polizei Autos verbrannt hat und es Verletzte und Tote gab.

Dort bleibt man einen ganzen Tag und alles, was man an Essen braucht, nimmt man mit. Die Menschen grillen dort oft, weil es meistens schönes Wetter ist. Außerdem gibt es sehr viele Getränke, Süßigkeiten, Snacks usw. Dort konnte man auch was zu essen oder zu trinken kaufen, weil es sehr viele Stände gab. An dem Tag gab es auch bei jungen Leuten Alkohol, da sie nicht so wirklich religiös waren. Ich selbst habe sehr viel Alkohol trinkende Menschen erlebt. Es war auch nicht total versteckt. Als mein Onkel getrunken hat, haben wir es alle immer gesehen. Er hat mir einmal Bier gegeben, da war ich 12, meine Mutter meinte nein, das trinkst du nicht.

Außerdem gab es auf dem Hügel verschiedene Bühnen, aber meistens eine große als Hauptbühne, wo kleine Theaterszenen, Konzerte und auch Folkloretanzgruppen etwas präsentiert haben.

Viele, die neben der Bühne für Organisation gesorgt haben, haben ihre Gesichter bedeckt, damit sie nicht erkannt werden und die Tage nach dem Fest verfolgt werden. Einige Menschen, die Reden dort gehalten haben, mussten schnell nach dem Fest aus dem Land fliehen. Das alles nur, weil wir Kurden sind und vieles nicht dürfen. Trotz allem war das aber sehr schön und der Tag war immer spannend und hat super viel Spaß gemacht.

Wie man Newroz auf den Bergen feiert in traditionellen kurdischer Kleidungen

Rituale des Essens im Verlauf des Lebens

(Große Einladungen beim Laufenlernen, beim ersten Zahn, bei der Hochzeit, beim Tod / Beerdigung)

Neben den großen Festen gibt es viele private Veranstaltungen, an denen sich die Familienangehörigen treffen. Es werden immer viele Versammlungen mit dem Essen verbunden. Es ist etwas Kulturelles, aber auch Religiöses. Der Islam sagt, man soll in seinem Leben Kheir tun. Kheir heißt, man soll gute Taten tun, ganz normal im Leben, aber auch indem man den Menschen etwas zu essen gibt. Wenn jemand stirbt, tut man etwas Gutes für den Verstorbenen, wenn man es vielen ermöglicht, an der Beerdigung teilzunehmen. Große Einladungen sind auch Kheir für die, die es sich leisten können.

Große Einladungen

Große Einladungen sind ein sehr wichtiger Bestandteil in der Gesellschaft. Und die Menschen machen sie aus verschiedenen Gründen. Die Gründe können sein, dass jemand geheiratet hat und ein paar Tage nach seiner Hochzeit macht er so eine große Einladung, oder es könnte auch sein, dass jemand ein Kind bekommen hat, oder wenn jemand einen Abschluss gemacht hat, zum Beispiel wenn das Studium zu Ende ist. Sehr viele machen auch solche Einladungen im Ramadan zum Fastenbrechen. Man lädt alle Freunde, Verwandte, Familie, Bekannte etc. ein und es ist nicht, wie in Deutschland, dass man die Leute ein paar Wochen davor einlädt, sondern ein oder zwei Tage vorher, zum Mittagessen oder zum Abendessen. Es kommen manchmal auch Hunderte von Menschen, je nachdem wie groß dein Netzwerk ist. Meistens gehen die Menschen auch kurz nachdem sie gegessen haben. Es ist nicht so, dass noch sehr lange gefeiert wird.

Unsere Familie hat auch mehrere solche Einladungen gemacht, aber eine, die ich nie vergessen werde, wurde eine Woche vor meiner Flucht aus Syrien gemacht. Mein Opa ist zu uns zum Frühstück gekommen und meinte, dass er am nächsten Tag eine Einladung machen möchte. Er sagte, dass er dem Schlachter gesagt hat, dass er zehn Schafe schlachten soll. Und Azad soll jetzt anfangen Leute einzuladen. Zehn Schafe sind für uns auch ganz schön viel Fleisch. Man kocht das Fleisch mit anderen Gerichten. Das heißt, wir haben sehr viel zu essen und es werden Hunderte von Menschen kommen. Mein Opa hat mir gesagt, ich soll einfach alle Menschen in unserer Gegend einladen. Ich habe einfach an die Türen geklopft und Menschen eingeladen, oder egal wen ich auf der Straße gesehen habe, ich habe ihn eingeladen.

Weil wir nicht genügend Platz zu Hause hatten, haben wir an unserem Unternehmensstandort große Zelte aufbauen lassen. Dort wurde auch gekocht. Brot wurde auch selbst gebacken. Das war eine sehr schöne Gemeinschaft mit sehr vielen Menschen, die ich nie wiedersehen werde. Wir wussten nicht, dass wir nach einer Woche fliehen würden. So schnell ging das.

Ich habe leider kein Foto von der Einladung, aber dieses Foto ist von der Einladung meines Onkels letztes Jahr in Kobani.

Die Männer und Frauen essen bei solchen Einladungen getrennt, da es aus traditionellen und religiösen Gründen so vorgesehen ist.

Bei so einer großen Masse von Menschen kann man nicht viel Vielerlei kochen. Es gibt oft Gerichte, die man im Winter kocht, und welche, die man im Sommer kocht. Sie werden in sehr großen Töpfen und sehr oft auf dem Feuer gekocht. Die Frauen kochen hauptsächlich, aber die Männer helfen auch. Oder man stellt Köche ein. Das war in letzter Zeit auch populär.

Folgende Gerichte gibt es normalerweise:

Tirşkê Fasoliyê Kesk

Gekochtes rotes Fleisch mit Knochen von Schafen, mit Reis und frischen grünen Bohnen.
Dieses Gericht wird oft im Sommer gekocht.

- Fleisch wird in einem Topf gebraten, dazu kommt kochendes Wasser und alles wird gekocht, bis es richtig weich wird. Am Ende kommen Salz und Pfeffer dazu.
- Grüne Bohnen in Stücke schneiden, Hackfleisch im Topf bisschen braten lassen, dann die Bohnen dazu und mit ein bisschen Wasser kochen, bis die Bohnen richtig weich werden. Danach kommen die sehr kleingeschnittenen Tomaten dazu und in Würfel geschnittene grüne, ein bisschen scharfe Paprika. Kochendes Wasser dazu, je nachdem wie trocken man das Ganze haben will. Am Ende kommen Salz und ein bisschen Pfeffer dazu.
- Zuletzt wird Reis gekocht, dafür brauchen wir erstmal ein bisschen Aletria (Fadennudeln). Wir kochen unseren Reis fast immer mit Aletria. Im Öl wird Aletria gebraten, dazu kommt kochendes Wasser und dann der Reis. Mit sehr wenig Hitze wird der Reis gekocht. Am Ende geben wir fast immer ein bisschen Öl oder ein bisschen geschmolzenes Fett dazu.

Der Reis wird auf sehr große Teller mit einem Durchmesser von mehr als 60 cm gegeben. Auf den Reis kommt das Fleisch. Von jedem Teller essen zwei bis drei Personen. Von dem Topf kann man um die 50 solche Teller füllen. Daneben kommen auf normalen Esstellern die grünen Bohnen und davon hat jeder seinen eigenen. Manchmal gibt es auch noch Tomaten-Gurken-Salat oder Gurken-Joghurt-Salat.

Was auch noch sehr beliebt ist, dass man halb Reis kocht und halb Bulgur. Das Ganze wird mit Löffeln gegessen. Männer und Frauen essen normalerweise getrennt.

Noch ein Gericht, das im Winter beliebt ist, wäre genau dasselbe, aber mit weißen getrockneten Bohnen.

Tirşkê Fasoliyê Hişk'kirî

Gekochtes rotes Fleisch mit Knochen von Schafen, mit Reis und weißen Bohnen.

Wie man weiße Bohnen kocht:

- Die Bohnen werden die Nacht davor in warmes Wasser gelegt, damit sie am nächsten Tag schneller und besser gekocht werden können.
- Das kochende Wasser im Topf, dann die Bohnen, die wir eine Nacht lang im Wasser hatten. In einem anderen Topf wird Hackfleisch gebraten und dazu gelegt. Man kocht sie gemeinsam, bis die Bohnen richtig weich werden, sie brauchen in der Regel sehr lange auf dem Feuer. In einer anderen Pfanne braten wir Tomatencreme im Öl, dann kommt es auf die Bohnen und wir rühren das Ganze, dann Salz und Pfeffer nach Geschmack.

Man kann diese Gerichte auch ohne Fleisch und zu Hause als eine kleine Portion kochen. Das mache ich oft selbst. Das Gericht mit grünen Bohnen mag ich gerne und oft mache ich es auch vegetarisch. Wenn man das Gericht vegetarisch kocht, kann man noch Zwiebeln anstatt Fleisch dazugeben und mitbraten.

Ein sehr beliebtes Essen für große Einladungen ist Lehmecon „dünner Teig mit Hackfleisch darauf im Backsteinofen"

WAS WIR BRAUCHEN

1/2 Kilo Hackfleisch, 3 Zwiebeln,

1 kleinen Teller Petersilie,

5 Zehen Knoblauch,

3 Tomaten, 1 EL Paprikacreme,

1 EL Tomatencreme,

Olivenöl oder anderes Öl,

Gewürze: (1 EL Salz, 1 TL Pfeffer,
1 TL Paprikapulver, 1 EL Granatap-
fel-Sirup)

Für den Teig:

2 Gläser warmes Wasser, 1 EL Hefe,

1 EL Zucker, 5 Tassen Weizenmehl,

1 Tasse Joghurt, 1 EL Salz, Öl.

Lehmecon

Zubereitung

Zwiebeln, Petersilie, Tomaten klein schneiden und in die Küchenmaschine tun, dann die restlichen Zutaten dazu. Alles gut zusammen rühren und mischen.

Für den Teig brauchen wir: Zwei Gläser warmes Wasser, ein Esslöffel Hefe, ein Esslöffel Zucker, zusammen rühren, dann eineinhalb Tassen Weizenmehl dazu geben, gut rühren und 15 Minuten so lassen. Danach eine halbe Tasse Joghurt, ein Esslöffel Salz, dreieinhalb Tassen Mehl dazugeben und sehr gut rühren, danach noch ein bisschen Mehl streuen und mit der Hand gut mischen, ein bisschen Öl darauf. Sehr gut kneten.

Kleine Stücke von dem Teig so groß wie einen Teller dünn ausrollen, dann verteilen wir ein bisschen von unserem Fleisch gleichmäßig auf dem Teig.

In Kobani bringen wir sie dann zum Bäcker, der backt sie im Ofen und bringt sie wieder zurück, aber hier kann man es zu Hause so machen:

- In einer Pfanne zwei Minuten aufwärmen und dann im Ofen, die Hitze nur von oben ein paar Minuten, bis es gut aussieht und nicht zu dunkel wird.

Es wird gegessen mit frischer Minze, Petersilie, Zitrone, scharfer Paprika und Radieschen. Dazu isst man gerne Gurken-Joghurt.

Zeletê Xiyaran

Wir brauchen:

1 GURKE, 1 BECHER NATURJOGHURT, 1 GEPRESSTE ZEHE KNOBLAUCH, 1/2 TL SALZ, 1 TL GETROCKNETE MINZE.

Zubereitung:

Wir schneiden die Gurke in kleine Würfel. Dann geben wir den gepressten Knoblauch, Salz und Joghurt dazu. Wir mischen das Ganze und geben dann die Minze darauf, noch einmal kurz mischen und es ist fertig.

Man trinkt gerne Ayran zu Lehmecon. Das wird so gemacht:

Dew (Ayran)

2 EL JOGHURT IN EIN GLAS, 1 PRISE SALZ, DARAUF KALTES WASSER GIESSEN. MIT EINEM LÖFFEL SEHR GUT RÜHREN.

Lehmecon machen wir auch manchmal bei kleinen Einladungen, die es auch in Deutschland gibt, wenn man z.B. eine Familie einlädt. Dann machen wir aber andere Gerichte auch als Hauptessen zum Beispiel Çêgî goşt „Bulgur mit Kuhfleisch".

Çêgî goşt ist ein sehr beliebtes Essen, das die Menschen im Winter sehr gerne essen. Nicht nur die Menschen aus Kobani essen das, sondern die ganze Region. In der Türkei wird das auch sehr viel gegessen. Jeder macht es aber auf seine Art und Weise.

Dafür brauchen wir:

1 BECHER BULGUR (ES GIBT VERSCHIEDENE ARTEN VON BULGUR, WIR NEHMEN NICHT DEN DICKEN GROßEN, EHER DEN FEINEREN), 1 KLEINGESCHNITTENE ZWIEBEL, 1 GEPRESSTE KNOBLAUCHZEHE, EIN BISSCHEN NACH GESCHMACK KLEINGESCHNITTENE PETERSILIE, IN RINGE GESCHNITTENE FRÜHLINGSZWIEBELN ZUM ANRICHTEN, 200G ROTES FLEISCH OHNE FETT (VOM SCHLACHTER, ER SOLL ES ZWEI BIS DREI MAL DURCH DIE MASCHINE LAUFEN LASSEN, SO DASS DAS FLEISCH SEHR WEICH WIRD), 2 EL SCHARFES PAPRIKAPULVER, 1 GUTE PRISE PFEFFER, SALZ NACH GESCHMACK, 1 PRISE KREUZKÜMMEL FALLS VORHANDEN, 1/2 EL PAPRIKACREME.

Zubereitung:

Ganz klein bisschen Wasser auf den Bulgur in einer Schüssel gießen, so dass der Bulgur das Wasser aufsaugt. Daneben mischst du Zwiebeln, Knoblauch, Gewürze (Paprikapulver, Pfeffer, Salz, Kreuzkümmel und Paprikacreme) mit der Hand und mit Kraft. Dann kommt der Bulgur dazu und das Ganze wird sehr lange mit der Hand und mit Druck zusammen gemischt und gedrückt. Nach ungefähr 15 Minuten merkt man, dass man nur weichen Bulgur spürt, dann kommt ganz wenig Wasser darauf; weiter mischen von Hand. Irgendwann kommt das rohe Fleisch rein und das Ganze wird mit dem Fleisch gemischt. Dazu immer wieder ein bisschen Wasser. Wenn man merkt, dass man den Bulgur im Mund gar keine Härte mehr spürt, dann ist es gut. Am Ende kommt Petersilie rein und ein letztes Mal gut mischen und in den Tellern. Jeder bekommt ein Teller. Darauf bisschen Frühlingszwiebeln streuen. Es wird mit Zitrone und Gartensalat gegessen. Wenn es zu scharf ist, dann isst man es auch sehr gerne mit Olivenöl.

Auch ein sehr bekanntes Gericht, sehr lecker und einfach, ist **Fetê**:

WAS WIR BRAUCHEN

---

1 BECHER REIS, 1 TL SALZ,
1 TL ZITRONENSALZ.
2 STÜCK ARABISCHES BROT.
HALBES HÄHNCHEN (ORIGINAL IST ES MIT
KNOCHEN, DIE MENGE NACH GESCHMACK),

ZUM HÄHNCHEN KOCHEN:

3 ZEHEN KNOBLAUCH KLEIN GESCHNITTEN,
3 GETROCKNETE LORBEERBLÄTTER, 1/2 TL
GRÜNER KARDAMOM, 1 PRISE ZIMT,
1 PRISE INGWER, 1/2 TL PFEFFER,
3 EL ÖL.

FÜR DIE JOGHURTSOßE:

2 BECHER NATURJOGHURT (WIRD AUCH
GRIECHISCHER JOGHURT GENANNT),
1 EL GEPRESSTER KNOBLAUCH,
3 EL TAHIN, 1 PRISE KORIANDER,
1 TL SALZ.

ZUM SCHLUSS: GEBRATENE MANDELN (NACH
GESCHMACK), GEHACKTE PETERSILIE,
CHILI – IN RINGE GESCHNITTEN.

Fetê

Zubereitung:

Als erstes legen wir den Reis mit einem TL Salz und einem TL Zitronensalz in eine Schüssel und geben dazu ausreichend heißes Wasser und lassen es ca. eine halbe Stunde ziehen.

Das arabische Brot wird in Quadrate geschnitten, im heißen Öl in der Pfanne oder im Ofen gebraten, bis es richtig braun wird.

Als zweites:

Wir portionieren das Hähnchen und legen es in einen Topf und dazu kommen die folgenden Zutaten: drei Zehen Knoblauch kleingeschnitten, drei getrocknete Lorbeerblätter, ein halber TL grüner Kardamom, eine Prise Zimt, eine Prise Ingwer, ein halber TL Pfeffer, drei EL Öl.

Wir braten das Ganze ein bisschen und dann geben wir ausreichend Wasser dazu, ca. 1 Liter und kochen es, bis das Fleisch gekocht ist. Am Ende geben wir genug Salz dazu, etwa zwei EL.

Am Ende nehmen wir die Fleischstücke raus und lassen die Soße für den Reis.

Wir waschen den Reis und geben etwa drei Becher von dem Fleischsaft dazu und kochen das auf einer niedrigen Temperatur.

Soße vorbreiten:

IN EINE SCHÜSSEL KOMMEN DIE FOLGENDEN ZUTATEN:
2 BECHER NATURJOGHURT (WIRD AUCH GRIECHISCHER JOGHURT
GENANNT), 1 EL GEPRESSTER KNOBLAUCH, 3 EL TAHIN,
1 PRISE KORIANDER, 1 TL SALZ.
WIR RÜHREN DAS UND DANN KOMMT EIN BISSCHEN WASSER DAZU.

In einem sehr großen Teller kommt ganz unten das gebratene Brot, darauf
kommt der Reis. Auf den Reis legen wir Fleischstücke. Ausreichend von der
Joghurt-Soße kommt um den Reis herum. Eine Prise Pfeffer auf das Fleisch.
Wir streuen auf das Ganze ein bisschen von der gehackten Petersilie. Chili
kommt auch darauf und ein paar gebratene Mandeln.

Für kleinere Einladungen gibt es noch ein gutes Gericht:

Dolmê Kondiran e bi mast

Zucchini mit Joghurt (gefüllte Zucchini in Joghurt-Soße)

Wir brauchen:

1 KG NATURJOGHURT, ETWA 10 HELLGRÜNE,
EHER KLEINE ZUCCHINI, 400G HACKFLEISCH,
1 ZWIEBEL, 2 EL SALZ, 1 EL PFEFFER,
3 EL MAISSTÄRKE, 1,5 BECHER MILCH,
HEIẞES ÖL ZUM BRATEN.
GEBRATENE PINIENKERNE FÜR DIE DEKORATION.

Zubereitung:

Wir höhlen die Zucchinis aus, ohne die äußere Hülle zu beschädigen. Es gibt dafur einen Löffel in den arabischen Läden, womit man es einfacher hat. Wir schneiden die Zwiebel klein und braten sie ein bisschen, danach kommt darauf das Fleisch und ein EL Salz und ein EL Pfeffer.
Nun ist das Fleisch fertig. Wir füllen das Fleisch in die Zucchinis. Wir braten die Zucchinis im heißen Öl.

In einen Topf kommen der Joghurt und dazu die Maisstärke, Milch und Salz nacheinander. Wir rühren das etwas um. Dann mixen wir das mit einem Stabmixer sehr gut. Jetzt setzen wir den Topf auf den Herd und rühren auf mittlerer Temperatur die ganze Zeit um. Wenn der Joghurt gekocht ist, geben wir die Zucchini dazu für ein paar Minuten. Wenn der Joghurt zu fest ist, kann man ein bisschen Wasser dazu geben. So ist das Essen fertig. Wir verteilen es auf Teller und streuen die Pinienkerne darauf. Man isst es normalerweise mit Reis. Guten Appetit.

Essen beim Laufen lernen

Eine kurdische Tradition dreht sich um das Laufen lernen des Kindes. Und zwar werden die Schritte des Kindes immer gezählt und wenn der siebte Schritt des Kindes erreicht wird, gibt es ein kleines Fest. Es kommen Freunde, Familie, Verwandte und Bekannte. Man kauft viele Süßigkeiten und Kekse, soviel, dass man allen Nachbarn etwas geben kann.

Es versammeln sich alle Kinder der Familie und manchmal auch die Nachbarskinder. Das kleine Kind wird schön angezogen und man bindet seine beiden großen Zehen mit einem dünnen Band zusammen, welches schnell kaputt geht. Zwei Jugendliche stehen vor dem Kind und auf „los" zerreißt einer von ihnen das Band, greift rasch die Tüte und rennt schnell los. Alle anderen Kinder laufen hinterher. Wenn es gefangen wird, dann muss es die volle Tüte wieder abgeben. Wenn es aber schafft, wegzurennen, dann darf es die Tüte behalten.

Alle anderen Süßigkeiten und das Essen werden an die anwesenden Leute verteilt und an die Nachbarn. Im Jahr 2018 habe ich eine neue Cousine in Deutschland bekommen. Als ich in den Sommerferien zu Besuch war, hat sie den siebten Schritt gemacht. Wir haben einige Freunde eingeladen und unsere Tradition hier in Deutschland, so gut es geht, fortgeführt. Weil keine Kinder da waren, die wegrennen, mussten mein Onkel und ich hintereinander herrennen. Die deutschen Nachbarn haben auch mitgemacht und mit uns gegessen. Es war witzig.

Ein anderer Moment, den wir feiern, ist, wenn das Kind seinen ersten Zahn bekommt. Das merkt man und wartet, bis der Zahn ein bisschen wächst, dann gibt es ein Rezept, das gekocht wird und jedes Nachbarhaus bekommt einen Teller voll mit diesem Gericht. Das Rezept besteht aus sehr vielen Getreiden. Es ist nicht als eine Hauptspeise gedacht, sondern nur ein Snack. Das Gericht besteht hauptsächlich aus Weizen, Mais, Linsen und Kichererbsen. Sie werden einzeln gekocht und dann zusammen gemischt und ein bisschen weiter gekocht. Am Ende fügt man ein bisschen Salz und was man an Gewürzen mag hinzu.

Mit Nachbarn sind bei uns nicht nur die Leute gemeint, die im Haus nebenan wohnen, sondern die Menschen bis zum siebten Haus nach rechts und bis zum siebten Haus nach links neben dem eigenen Haus. Das sind alle meine Nachbarn. Manchmal sind es aber auch noch mehr, weil man die Leute gut kennt. Noch zu der Tradition des Zahnes:

Wenn dem kleinen Kind sein erster Zahn rausfällt, dann nimmt es ihn in die Hand und wünscht sich etwas, ohne es laut auszusprechen, und schmeißt den Zahn auf das Dach seines Hauses.

Mein erste Essenseinladung bei einer deutschen Familie

Als ich 2016 zum ersten Mal bei einer deutschen Familie zuhause zum Essen eingeladen war, habe ich mich gefreut. Ich habe mich schick angezogen und gut vorbreitet. Ich habe nachgefragt, was man so kauft und mitnimmt, wenn man bei einer deutschen Familie eingeladen ist. Mir wurde Schokolade empfohlen. Als ich angekommen bin, habe ich von ihnen gehört, dass sie Spaghetti gekocht haben. Ich dachte, das wäre dasselbe, was ich in Kobani gegessen habe. Es war aber ein bisschen anders, mit der Gabel auf dem Löffel solange drehen, bis es groß wird und nicht mehr in den Mund passt. Die Hälfte des schönen weißen Hemdes wurde mit der Tomatensoße rot angemalt. Ich wollte in der Mitte aufhören zu essen, ich hatte aber ziemlich großen Hunger. Das war echt peinlich. Jetzt fragt man sich, wie wir Spaghetti gekocht haben. Wir haben es ein bisschen einfacher gemacht, Zum Beispiel, bevor wir sie kochen, brechen wir die Spaghetti in kleine Stücke. Und auf dem Tisch hatten wir die Soße und Nudeln nicht separat, sondern wir hatten beide auf dem Herd ein paar Minuten zusammen gekocht und so hat es auch irgendwie besser geschmeckt. Ich bin auch dafür, dass man die Gerichte original essen soll, so wie die Deutschen sehr schön sagen, aber genauso finde ich auch, dass man sich das Leben ein bisschen einfacher machen soll.

Bei uns, wenn jemand etwas isst und jemand anderer neben ihm sitzt, muss man der anderen Person etwas vom Essen anbieten. Aus Respekt soll die Person Nein sagen und das Essen ablehnen. Die essende Person muss ihm aber nochmal anbieten. Ein paar Mal, bis er merkt, dass die zweite Person wirklich keinen Hunger hat oder bis die zweite Person etwas vom Essen nimmt. Das gilt auch für Gäste, für Getränke und alles Mögliche. In Deutschland, wenn es angeboten wird, dann nur ein Mal.

Als im Jahr 2016/17 Flüchtlinge, wenn sie bei Deutschen eingeladen waren, oft hungrig nach Hause kamen, war es manchmal deswegen, weil sie dachten, dass man aus Respekt Getränke und Essen ablehnen soll. Sie hätten erwartet, dass man sie mehrfach auffordert zum Essen.

Beerdigungen:

In dem Ort, wo ich aufgewachsen bin, kennen sich sehr viele Menschen. Wenn jemand bei uns stirbt, wird es nach kurzer Zeit erstmal in der Moschee laut ausgerufen, damit es viele Menschen mitbekommen und zum Trauerfest kommen. Sehr viele junge Menschen gehen direkt nach dem Tod mit ihren Schaufeln und Kreuzhacken zum Friedhof und graben ein Grab. Das ist eine Tradition, die es immer gab und von Generation zu Generation weitergegeben wurde. Ich glaube, einige hatten richtig Spaß daran, die Erde zu graben. Ich erinnere mich, als meine Oma gestorben ist, dann hat keiner von uns sich Gedanken über das Grab gemacht. Es wurde nur mein Onkel gefragt, wo unsere Familie das Grab gerne hätte. Man macht dann alle Gräber von einer Familie nah beieinander. Die gestorbene Person wird so schnell wie möglich begraben. Auch wenn einige Menschen am Abend sterben, dann wird oft gar nicht auf den Morgen gewartet. Der Verstorbene wird von einem Imam gewaschen und in ein weißes Tuch gewickelt. Das Tuch und die Seife und alles, was benötigt wird, sind schon fertig gepackt und man kann es so im Laden kaufen. Es wird ein Sarg aus der Moschee geholt und die verstorbene Person reingetan und zum Friedhof gebracht. Dort wird sie aus dem Sarg rausgenommen und nur mit dem weißen Tuch begraben. Es wird in einer Hälfte des Grabes ein Rechteck ein bisschen tiefer gegraben und dort legt man den Verstorbenen mit dem Gesicht nach Mekka nach der islamischen Religion. Den Sarg bringt man wieder zurück in die Moschee. Während man auf dem Friedhof ist, werden zwei große Zelte, wo Hunderte von Menschen reinpassen, auf der Straße aufgebaut. Die Zelte werden von einem Zeltunternehmen für die Gäste aufgebaut, und sie sind sehr gut ausgestattet mit Licht, Stühlen, Tischen, Teppichen usw. Es kommen Hunderte von Gästen zum Trauern. Sehr viele kommen dann auch von Weitem, deswegen wird auch jeden Tag für die Gäste gekocht. Am ersten Tag kochen meistens die Nachbarn für alle Gäste der Verstorbenen. Weil die Familie selbst mit anderen Dingen beschäftigt ist und sie gar keine Kraft dafür hat. Als meine Oma starb, war mein Papa auf einer Reise. Meine beiden Onkel waren da, aber sie waren so fertig, dass sie gar nichts machen konnten. Unsere Bekannten und Verwandten haben erstmal alles organisiert, unser Nachbar hat dann für alle unsere Gäste gekocht. Am zweiten Tag kocht auch entweder ein anderer Nachbar oder es kocht die Familie selbst. Der Tag verläuft ganz normal mit Hunderten von Gästen. Wenn ein

Gast kommt, dann begrüßt man ihn und er findet einen Platz. Dann wird Kaffee oder Tee angeboten, manchmal auch beides hintereinander. Am dritten Tag kocht aber fast immer die Familie selbst, weil es der letzte Tag ist. Der letzte Tag ist ein bisschen besonders, da lädt man auch noch bewusst die Nachbarn und Bekannte zum Essen ein. Man kocht meistens ein bisschen mehr als an normalen Tagen. Wenn zu viel Essen da ist, gibt man es auch einfach Familien in der Stadt. Zum Essen gibt es allgemein dieselben Gerichte wie bei einer großen Einladung.

Am letzten Abend kommen sehr viele Menschen und es gibt viele Süßigkeiten und verschiedene Getränke. Damit schließt man das Trauerfest. Manchmal werden am letzten Tag abends religiöse Gesänge gesungen und man denkt an den Verstorbenen.

Der Friedhof meines Dorfes

Hochzeiten

Ich erzähle von ganz vorne und das geht so:

Wenn die Braut und der Bräutigam sich verständigt haben und auch die Familien von beiden und wenn sie die Ehe zugesagt haben, dann machen sie einen Tag aus, wo der Bräutigam mit seiner Familie, Freunden und Bekannten zu der Familie der Braut geht. Sie nehmen Obst, Süßigkeiten und Getränke selber mit. Sie bringen so viel, dass es für alle eingeladenen Gäste reicht. Dieses Treffen heißt Qalan. Der Sinn dieses Treffens ist früher gewesen, der Familie der Braut eine Summe Geld zu bezahlen, damit die Braut sich davon Kleidung und alles, was sie persönlich braucht, kauft. Bei dem Treffen wird aber heutzutage gar nicht über Geld geredet oder bezahlt. Die Menschen feiern eher ein bisschen zusammen. Das mit dem Geld machen die Familien im Nachhinein oder sie haben es schon davor gemacht. Dieses Treffen gehört zu der Tradition und fast alle machen es. Die Summe des Geldes ist klar, da man weiß, wie teuer es ist, all diese Sachen zu kaufen. Die Summe ist außerdem nicht wenig, sie ist so viel, dass man eine Person mit allem ausstatten kann.

Bei dem Treffen haben alle Spaß, alle essen und trinken etwas. Manchmal wird nur gequatscht und manchmal wird viel getanzt, Musik gemacht und laut gefeiert. Da lernen sich die beiden Familien gut kennen.

Zu dem Geld wird noch eine Summe Gold vereinbart und sie muss der Bräutigam als Schmuck für seine Braut kaufen. Das ist zurzeit zwischen 75-125 Gramm Gold. Es wird ein Tag verabredet, wo die Braut und der Bräutigam in die Stadt gehen und es kaufen. Außerdem werden neue Sachen für den Haushalt gekauft und das sind Schränke, ein Bett, Tisch, Stühle, Kühlschrank, Waschmaschine, Ofen und noch die wichtigen Dinge, die man für das Schlafzimmer und auch für die Küche braucht. Das ist nicht nur, weil sie ausziehen wollen, sondern weil es dazu gehört, ein neues Zuhause zu gestalten. Wenn das erledigt ist, dann gibt es einen Hochzeitstag. Da mietet man einen großen Saal, der für Hochzeiten geeignet ist. Manche Leute, die sich so einen Saal nicht leisten können, machen auch die Party in einem Park oder im öffentlichen Raum, so eine große Fläche, wo viele Leute hineinpassen und man auch die Boxen aufstellen kann. Man organisiert auch eine Band. Es ist immer ein Live-Sänger da. Es fällt mir gerade auf, dass es bei Hochzeiten nur Sänger gab und keine Sängerin. Nur Männer haben diesen Job gemacht. Bei den anderen Partys, wo es keine Hochzeit gab, gab es auch Sängerinnen.

Die Nacht vor der Hochzeit wird gefeiert – auf sehr unterschiedliche Weise. Einige machen eine große Party zuhause oder irgendwo draußen, wo sie richtig viele Leute einladen und es wird laut Musik gemacht und getanzt oder sie feiern so, dass die Familie des Bräutigams allein mit ihm feiert.

Am nächsten Tag geht man zum Saal. Das fängt so gegen Abend an, da kommen die Gäste nacheinander. Die Musik ist sehr laut, so dass man sich kaum unterhalten kann. Die meisten Leute tanzen. Sowohl die alten Leute als auch die Jugendlichen tanzen die ganze Zeit.

Am Anfang ist die Braut noch nicht da, sie wird fertig gemacht von einer Friseurin, die mit all ihren Materialien zu ihr nach Hause kommt und sie vorbereitet. Die Braut ist in der Zeit bei ihren Eltern zuhause.

Nach einer Weile geht der Bräutigam mit ein paar Freunden zu der Braut nach Hause. Sie holen sie dann ab und bringen sie zum Saal.

Das Auto, in das die beiden einsteigen, ist dann mit Blumen geschmückt. Wenn sie ankommen, stoppt der Tanz. Jeder sitzt an seinem Tisch und sie kommen rein, dass alle sie sehen können. Dann gibt es in der Mitte einen Tanz von den beiden und langsam kommen noch mehr Leute dazu und tanzen mit.

Essen gibt es bei den Hochzeiten nicht. Es gibt aber verschiedene Getränke und verschiedene syrische Süßigkeiten. Außerdem gibt es einen großen Kuchen, von dem jeder ein Stück bekommt.

Früher war es so, dass, wenn die Party vorbei war, alle nach Hause gingen und ein Imam kam, der die religiöse Zeremonie vollzog. Zurzeit aber verändern sich viele Traditionen. Die Eheschließung wird Tage vor der Hochzeit gemacht. So war es zumindest bei der Hochzeit meines Onkels.

In den arabischen Städten in Syrien feiern Männer und Frauen bei den Hochzeiten aus religiösen Gründen getrennt. Bei uns in den kurdischen Regionen waren sie nie getrennt.

Bei den Hochzeiten gibt es kein Geld als Geschenk oder auch andere Geschenke gibt es nicht. Aber an den Tagen nach der Hochzeit bekommt das Paar sehr viele Gäste, die dann gratulieren und ihnen etwas schenken.

Die erste Hochzeit auf den Trümmern der kaputten Stadt Kobani nach der Befreiung vom IS 2015.

Gäste

Wenn man bei uns einen Gast zu Besuch bekommt, dann bietet man ihm nicht nur etwas zu trinken, sondern auch etwas zu essen an. Wenn er keinen Hunger hat, und falls vorhanden und man es sich leisten kann, dann bietet man dem Gast Obst zu essen an. Soweit ich weiß, isst man Obst in Deutschland, wenn man kleinen Hunger hat oder zum Frühstück. Bei uns isst man Obst zu bestimmten Zeiten. Zum Beispiel, abends wenn man zusammensitzt oder wenn man Kartenspiele spielt. Außerdem ist Obst bei uns teuer und nicht immer kann man es sich leisten. Obst zählt zu den Angeboten, die man Gästen macht. Deswegen, wenn der Bräutigam zu der Familie der Braut geht, dann nimmt er nicht nur Süßigkeiten mit, sondern auch Obst.

Meine Tante ist letztens neu nach Deutschland gekommen und eine deutsche Frau hat sie besucht, als ich auch da war, dann hat meine Tante neben dem Kaffee ihr auch Obst angeboten. Die deutsche Frau hat gar nichts davon gegessen, dann habe ich ihr erklärt, dass es bei uns ein bisschen anders ist.

Die Landwirtschaft

Früher haben die Menschen sehr viel von der Landwirtschaft gelebt. Das, was sie gesät und geerntet haben, konnten sie für viel Geld verkaufen und die eigenen Lebensmittel waren so billiger. Also wer mehr Felder hatte, hatte mehr Geld. Die Felder wurden von Generation zu Generation weitervererbt und kaum Menschen wollten ihre Felder verkaufen.

Es wurden ganz verschiedene Gemüse gesät, wie Gurken, Tomaten, Auberginen, Paprika, Zucchini etc. Die Menschen hatten Wasserbrunnen und davon konnten sie die Felder bewässern. Das habe ich aber leider kaum erlebt. Ich weiß nur, dass mein Opa viele Felder hat und nur von der Landwirtschaft gelebt hat. Mein Vater hat mich immer mal wieder zu diesen Feldern mitgenommen und mir die Geschichte unserer Familie erzählt. Dass mein Opa ein sehr großes Haus dort hatte und wir sehr viel geerntet haben und an sehr viele Menschen verkauft haben. Irgendwann kam auf einmal kein Wasser mehr aus den Brunnen. Alle unsere Pflanzen sind fast gestorben. Für die ganze Saison haben sie das Wasser aus dem Brunnen eines Nachbars genommen und das war auch die letzte Saison, in der mein Opa etwas gesät hat. Dass aus den Brunnen kein Wasser mehr kam, war später das Problem vieler Menschen. Mir wurde oft erzählt, dass bei uns früher alles sehr grün war und man immer viel Wasser hatte. Ich erinnere mich noch ein ganz bisschen daran, dass es vor dem Haus meines Opas einen kleinen Teich gab und sie auch mehrere Enten hatten. Mehr habe ich leider nicht erlebt. Was ich aber aus meinem eigenen Leben noch kenne, ist, dass die Menschen ihre Felder im Herbst säen. Und je nachdem wie viel es im Winter regnet, kann man im Frühling gut ernten oder eine schlechte Ernte haben. Das habe ich mehrmals mitgemacht.

Die Felder sind nur Regenfeldanbau (keine künstliche Bewässerung). Die meisten Menschen säen Getreide, sowie Linsen, Kichererbsen, Gerste und Weizen, oder Kräuter sowie Kreuzkümmel oder Koriander.

Bei den Linsen oder dem Kreuzkümmel muss man einmal im Jahr die anderen Pflanzen und Unkraut, das dazwischen wächst, entfernen. Das macht man am Beginn des Frühlings. Entweder macht man das mit der Familie, oder man stellt Leute ein, die die Tagesarbeit machen. Am Ende des Frühlings muss man wieder Arbeiter finden, die mit der Hand die Linsenpflanzen ernten, die dann im Mähdrescher gedroschen werden. Bei dem Weizen oder der Gerste ist es viel einfacher, da man sie im Herbst an einem Tag säen kann. Man hofft dann, dass es viel regnet. Im nächsten Jahr im Frühling erntet man das Ganze mit einem Mähdrescher. Manchmal kann man es sofort verkauft oder irgendwo lagern und im Winter verkaufen, wenn es teurer ist.

Dass Kleinbauern mit Wasserbrunnen Gemüse pflanzen und wie früher an einzelne Personen oder Händler verkaufen, gibt es nur noch selten. Es gibt wie in vielen Ländern Großbauern, die Gemüse anbauen und an sehr viele Städte verkaufen.

Jeder, der einen Garten hat, hat auch Bäume. Es gibt aber auch Felder, auf denen nur eine Art von Bäumen wächst, um die Früchte zu verkaufen. Die bekanntesten Bäume, die die Menschen gerne anpflanzen, sind Olivenbäume. Sie brauchen sehr wenig Wasser und können die Hitze überleben. Die Leute essen auch sehr viele Oliven in der Region und Olivenöl ist auch teuer, deswegen ist es ein gutes Geschäft. Es gibt noch Pistazienbäume. Bei uns brauchen sie auch kaum Wasser und die Pistazien sind sehr teuer. Sie werden auch exportiert in andere Länder. Bei den Weinreben kann man auch die Blätter verkaufen oder verschenken. Jeder Haushalt braucht diese Blätter, um damit ein Gericht zu machen. Man macht damit ein leckeres Essen namens „Dolma und Sarma".

Granatapfelbäume, Feigenbäume, Waldfrüchte, Aprikosenbäume, Edel-Pflaumenbäume, Walnussbäume, die alle überleben sehr gut in unserer Region. Außerdem gibt es Sonnenblumenpflanzen, Okra, Jute und vieles mehr.

Apfelbäume gibt es auch viele, aber es klappt nicht immer mit den Äpfeln.

Meine Tante hatte auch einen Orangenbaum in ihrem Garten, aber die Orangen schmeckten nicht. Sie waren sehr bitter.

Da wir allgemein wenige Bäume haben, ist im Sommer alles sehr trocken und kaum Grün, außer in den privaten Gärten.

Viehhaltung

Haustiere: Haustiere haben wir auch, aber nicht so viele wie in Deutschland. Einige Haushalte haben Hunde, aber sie dürfen nicht in das Haus wie hier in Deutschland. Katzen haben auch viele, sie dürfen im Gegensatz zu den Hunden ins Haus und überall hin.

Wir bei uns zuhause hatten keine Haustiere, es gab aber freie Katzen, die oft bei uns in der Straße waren und die wir manchmal fütterten. Unsere Nachbarin hatte sehr viele Katzen, und sie liebte die Katzen, wir fanden es manchmal komisch, wenn sie ein paar Tage traurig war und weinte, weil eine ihrer Katzen gestorben war. Da wir ein bisschen außerhalb der Stadt wohnten, hatten wir Hühner, die jeden Tag für uns Eier legten. Die Menschen, die etwas außerhalb der Stadt wohnten, hatten Schafe, Ziegen, Kühe. Davon können die Menschen sich ernähren, und von der Milch können sie Joghurt oder Käse herstellen und verkaufen. Für sie gab es einen Stall neben dem Zuhause und die Schafe und Ziegen zumindest muss man rausbegleiten. Sie sollen in die Landschaft, auf die Wiesen, um zu fressen. Entweder gingen die Kinder/Jugendlichen als Schäfer oder Erwachsene machten die Arbeit. Es ist wie ein langer Spaziergang, man muss aufpassen, dass sie nicht irgendwohin gehen, wo sie nicht hindürfen. Wir selbst hatten gar nichts außer den Hühnern. Am Wochenende durfte ich auch manchmal Schäfer sein, ich bin mit meinen Freunden gegangen, wenn sie die Schafe irgendwohin brachten. Es ist eigentlich sehr schön, man ist in der Natur, kann sich gut unterhalten und kommt abends müde nach Hause. Wir haben auch immer etwas zu essen und zu trinken mitgenommen.

Was die Schäfer ganz früher, als meine Mama Kind war, gegessen haben, war:

Shourbeh Dan. Das haben sie mitgenommen und dann dort gegessen. Das Gericht gibt es immer noch und wir haben es manchmal im Sommer zuhause gekocht. Ich mag dieses Gericht sehr gerne und esse dazu gebratene scharfe Paprika, Gurke und frische Minze.

Şorbê bi dan

(Weizen-Joghurt Suppe),

WIR BRAUCHEN:

1/2 KILO WEIZEN AUS DEN ARABISCHEN LÄDEN EXTRA FÜR SHOURBEH DAN,

2 KILO NATURJOGHURT, 2 EL MEHL,

1/2 EL SALZ (MEHR NACH GESCHMACK)

Zubereitung:

Wir waschen den Weizen sehr gut. Und passen auf, dass keine kleinen Steine drin sind. 1,5 Liter heißes Wasser in einen Topf geben. Wenn das Wasser kocht, geben wir den Weizen dazu und lassen es auf einer hohen Temperatur kochen, bis kaum mehr Wasser bleibt und der Weizen weich wird. Wir decken es nicht ab, während es kocht, sonst kocht das Wasser über.

Währenddessen bereiten wir den Joghurt vor.

Joghurt Vorbereitung:

In eine Schale geben wir den Joghurt, eine Tasse Wasser, zwei EL Mehl dazu und rühren das sehr gut mit einem Löffel, so dass es cremig wird.

Dann geben wir den Joghurt auf den Weizen und rühren es regelmäßig, bis der Joghurt mit dem Weizen kocht und bis man im Joghurt Blasen sieht. Dann 5 Minuten auf dem Herd lassen und es ist fertig.

Salz geben wir vor dem Essen dazu.

Der Weizen für dieses Gericht ist ein geschroteter Weizen und kein normaler. Früher hat man normalen Weizen auf einen Stein getan und darauf geschlagen, bis er kaputt war.

Zurzeit haben immer noch viele Menschen, die weit auf dem Land leben, viele Schafe und Ziegen.

Früher gab es einen Schäfer, der nur diesen Job gemacht hat. Er hat Hunderte von Schafen und Ziegen in die Landschaft ein paar Kilometer weit begleitet. Meistens hatte er einen Hund und einen Esel. Den Esel ritt er und lief ganz vorne, der Hund lief nebenher und die Schafe kamen hinterher. Der Schäfer hatte alles zu essen und zu trinken dabei und er schlief auch manchmal nachts draußen bei den Schafen und kam erst am nächsten Tag nach Hause, um die Schafe zu melken. Das hat mir meine Mutter immer erzählt, es ist aber kein Märchen.

SELBSTVERSORGUNG

UND

LEBENSMITTEL-
BESCHAFFUNG

Selbstversorgung und Lebensmittelbeschaffung / Auto mit Gemüse

In Kobani haben wir nur private Geschäfte. Die Lebensmittelversorgung läuft über Leute, die einen kleinen Laden haben, wo sie den ganzen Tag arbeiten und davon leben. Außerdem gibt es manche Menschen, die ein kleines Auto haben, dann gehen sie zu einem großen Laden und kaufen Gemüse billiger und dann fahren sie durch die Dörfer und verkaufen es. Früher, wenn sie kamen, haben sie in ein Mikro gerufen, dann ist man rausgegangen und hat frisches Gemüse, zum Teil etwas billiger als in den Läden, gekauft. Es war auch alles direkt vor der Haustür. Aber irgendwann haben sie nicht mehr gerufen, sondern man wusste ungefähr, wann sie kommen.

Cafés, Bars, Restaurants

Restaurants hatten wir wenige. Die Menschen gehen weniger als in Deutschland mit der ganzen Familie essen. Es gab aber sehr viele Imbisse, wo man etwas Kleines isst oder einen Rollo kauft. Es gab immer mal schöne Orte, wo man hingehen kann, zum Beispiel gab es einen großen Karussellpark, wo man Zeit verbringen und auch essen gehen konnte.

Es gibt außerdem einige Cafés, wo man was trinkt, aber auch Shisha rauchen kann. Shisha ist eine Wasserpfeife und funktioniert so: Unten hat die Shisha ein Wassergefäß, darauf steckt ein Rohr und oben drauf ist ein Tabakgefäß, wo der Tabak reinkommt. Das wird mit einer Alufolie bedeckt und darauf kommt dann Kohle. Der Tabak wird von der heißen Kohle erhitzt und verdampft. Es ist anders als bei Zigaretten, dort wird der Tabak direkt verbrannt. Bei Shisha handelt es sich um einen feuchten Tabak, der aus einer Mischung aus Rohtabak, Melasse und Glycerin besteht. Die Feuchtigkeit des Tabaks ist deshalb wichtig, weil nur so die heiße Kohle den Tabak zum Dampfen bringen kann, und der Dampf wird dann durch das Saugen am Rohr inhaliert. Eine wichtige Rolle spielt das Wasser im Wassergefäß, das kühlt den Dampf und der lange Schlauch der Shisha hat auch diesen Effekt.

Wenn man unseren Erwachsenen sagt, ich war in der Disco, dann ist das etwas nicht Gutes. Sie haben sehr viele negative Vorurteile über Diskotheken. Genauso habe ich ganz viele Deutsche getroffen, die negative Vorurteile über so eine Shisha Bar haben. Obwohl beides normale Orte sind, wo man die Zeit mit Freunden verbringt. Natürlich ist die Shisha ungesund für unseren Körper. Es ist wie Rauchen.

Mate

Ein Getränk, das eine große Rolle bei uns spielt, ist Mate Tee. Es trinken ihn ganz viele Menschen. Im Sommer draußen und im Winter neben der Heizung. Mate kommt ursprünglich aus Lateinamerika. Auf der Packung in Syrien stand immer „Made in Argentinia". Man kauft ihn trocken. Er sieht aus, wie zerbrochene Blätter. Zum Trinken braucht man einen dafür geeigneten Strohhalm. Der Tee kommt ins Glas mit dem Strohhalm und dazu ein bisschen Ingwer und Zitrone. Dann gießt man heißes Wasser darauf. Es ist sehr schnell alle, weil man es eigentlich in kleine Gläser füllt, halb Tee, halb Wasser. Deswegen, wenn man trinkt und es alle ist, gibt man nochmal Wasser darauf und das immer wieder, bis kaum Geschmack mehr im Tee bleibt. Einige trinken es auch mit Zucker. Früher habe ich das kaum getrunken, mittlerweile trinke ich auch das voll oft, wenn ich lerne oder etwas schreibe oder lese. Es hilft mir immer, dass ich nicht schnell müde werde und mich besser konzentriere.

Mate mit Wassermelonenkernen, Feigen, Äpfel, Granatapfel und Zigaretten.

Halal und Haram

Halal habt ihr wahrscheinlich schon mal gehört. Wenn es um Fleisch geht, dann kommt bei Muslimen sofort dieses Wort. Haram ist das Gegenteil von Halal. Halal ist arabisch und bedeutet „erlaubt". Haram bedeutet „nicht erlaubt". Die beiden Begriffe beziehen sich auf die Regeln, die der Koran den Muslimen vorgibt. Wenn es um Schweinefleisch geht, dann ist es Haram, weil das im Islam nicht erlaubt ist. Fleisch darf man nur von Tieren essen, die sich rein pflanzlich ernähren. Einige Muslime in Deutschland kaufen auch kein Rindfleisch bei Lidl oder Aldi und sagen, dass dies Haram ist. Rindfleisch ist an sich nicht Haram. Die Art und Weise wie das Tier geschlachtet wird, muss mit den Regeln des Islams übereinstimmen. Der Schlachter soll Muslim sein und vor dem und während des Schlachtens, den Satz „Im Namen Allahs, des Gnädigsten, des Barmherzigen" aussprechen. Außerdem darf das Tier nicht betäubt sein. Das Messer muss so scharf sein, dass es mit einem Schnitt die Kehle durchtrennt, sodass das Tier möglichst wenig Schmerz verspürt. Das Messer darf nicht vor den Augen des Tieres geschärft werden, um es nicht in Angst und Stress zu versetzen. Manche sehen es so und andere sehen es anders. Ich selbst habe immer das gegessen, was da war, und wenn ich Fleisch kaufe, dann kaufe ich auch von Aldi oder Lidl. Mir ist das gleichgültig. Meerestiere sind Halal, das heißt man darf sie essen. Bei Halal und Haram geht es natürlich nicht nur um Fleisch, sondern um vieles mehr. Der Alkoholkonsum ist zum Beispiel Haram, sowie jede Art von Drogen. Auch Zigaretten sind im Islam unbeliebt, weil sie dem Körper schaden. Alles was dem Körper eines Menschen schadet, ist Haram. Sich tätowieren zu lassen ist auch Haram, weil es viele Nachteile für den Körper hat. Auch Sex vor der Ehe bezeichnet man im Islam als Haram. Die eigene Frau zu betrügen und Sex mit einer anderen Frau zu haben, ist Haram und unverzeihlich und es gibt noch viel mehr, was Haram ist.

Zum Schluss noch einige Gerichte:

Fetê Nokan

Wir brauchen:

4 STÜCK ARABISCHES BROT, 400G HUMMUS (S.58),
500G GEKOCHTE KICHERERBSEN AUS DER DOSE ODER
DEM GLAS, 1/2 BECHER TAHIN, 2 EL NATURJO-
GHURT, 1/4 BECHER ZITRONENSAFT,
3 TL GEPRESSTER KNOBLAUCH, 2 TL SALZ,
1 TL KREUZKÜMMEL, 1 TL PAPRIKAPULVER,
2 EL PINIENKERNE, 3 EL GRANATAPFELKERNE,
2 EL BUTTER.

Zubereitung:

Die Kichererbsen ein bisschen warm machen mit ihrer Soße. Das arabische Brot in Quadrate schneiden und im Ofen oder im heißen Öl
oder in der Mikrowelle braten, bis es braun wird.

In eine große Schüssel legen wir den Hummus, geben das Tahin,
einen TL Salz, den Zitronensaft und Joghurt dazu. Wir rühren das
Ganze sehr gut und geben dann den gepressten Knoblauch und etwas
von der Kichererbsensoße dazu und rühren das Ganze gut um.

In eine anderen Schüssel kommen das gebratene Brot und darauf die
Kichererbsen mit der Soße. Das Ganze mit dem Brot gut durchmischen.

Hummus-Tahin-Soße kommt auch auf das Brot und wird gut durch-
gemischt.

Am Ende kommt die Prise Kreuzkümmel, Paprikapulver und Granatapfelkerne.

In einer Pfanne braten wir die Pinienkerne in der heißen Butter und
geben es auf das Ganze. (Vorsichtig, die geschmolzene Butter spritzt).

Wenn man auf Joghurt verzichtet, kann man es gut als veganes Gericht essen.

Gêrmê bi Nîsk

Bulgur mit Linsen

Wir brauchen:

1 BECHER LINSEN (VON DEN BREITEN LINSEN)
1 BECHER BULGUR
1 GESCHNITTENE ZWIEBEL
ÖL
SALZ
PFEFFER

Zubereitung:

Wir legen die Linsen ca. eine Stunde in heißem Wasser ein, so dass das Wasser über den Linsen liegt, damit die Linsen das Wasser ziehen und dann schnell gekocht werden. Nach einer halben Stunde gießen wir das Wasser ab, dann geben wir die Linsen in einen Topf auf dem Herd und kochen sie in ein bisschen Wasser. Eine Prise Salz soll dazu. Wenn die Linsen einigermaßen weich sind, geben wir den Bulgur dazu und lassen es weiter kochen.

In einer Pfanne braten wir die Zwiebel mit Öl bis sie richtig braun wird. Der gekochte Bulgur mit Linsen kommt auf den Teller und darauf kommt die gebratene Zwiebel. Eine Prise Pfeffer auf den Bulgur macht auch guten Geschmack. Es wird gerne mit eingelegten Gemüsen und Salat gegessen.

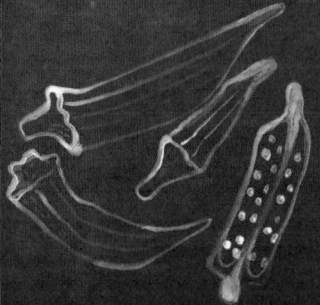

Bostanê Nokan

Kichererbsen-Salat

Wir brauchen:

1 Dose gekochte Kichererbsen 500g

1 TL gepressten Knoblauch

1 kleine Schale gehackte Petersilie

1 TL Salz, 1 TL Paprikapulver

1/4 Tasse Zitronensaft, 1/4 Tasse Olivenöl

1 in Würfel geschnittene Tomate

Zubereitung

Wir gießen das Wasser ab und waschen die Kichererbsen kurz, dann geben wir die folgenden Zutaten dazu: einen TL gepressten Knoblauch, eine kleine Schale gehackte Petersilie, einen TL Salz, einen TL Paprikapulver, eine Viertel Tasse Zitronensaft, eine Viertel Tasse Olivenöl. Wir mischen das Ganze sehr gut durch.

Wir geben es auf den Teller und darauf kommen als Design die Tomatenwürfel und etwas von der gehackten Petersilie.

Guten Appetit.

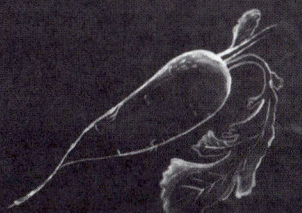

Besbuseh: Süßigkeit

Wir brauchen:

130G KOKOSFLOCKEN, 250G GRIEß, 200G ZUCKER,
200G ÖL (EIN BECHER), 3 EIER, 1,5 EL VANILLE,
1/2 TL SALZ, 300G NATURJOGHURT,
1,5 EL BACKPULVER, 50G MILCHPULVER,
SCHALE VON 1 ZITRONE, 1 TASSE SIRUP.
1 EL LÖFFEL TAHIN, FALLS VORHANDEN, IN DIE
AUFLAUFFORM SCHMIEREN.
ALS GARNIERUNG: MANDELN.

Zubereitung:

In einer Schale mischen wir die aufgeschlagenen Eier, Öl, Joghurt, Zitronenschale, Vanille und Zucker mit einem Mixgerät ca. 3 Minuten, so dass der Zucker schaumig verrührt wird.

Jetzt mischen wir die anderen Zutaten extra.

In einer anderen Schale mischen wir Grieß, Kokosflocken, Milchpulver, Backpulver und Salz zusammen.

Jetzt mischen wir die Inhalte von beiden Schalen sehr gut und lassen es 15 Minuten ziehen.

Wir heizen den Ofen auf 200° vor.

Jetzt geben wir den „Teig" in die Auflaufform (ca. 35cm × 25cm) und verteilen ihn gleichmäßig. Wir verteilen auch die Mandeln gleichmäßig darauf, wie wir mögen.

Wir stellen die Auflaufform relativ unten in den Ofen und schalten nur die Unterhitze an und reduzieren die Temperatur auf 180°. Nach 20 Minuten stellen wir die Auflaufform in die Mitte des Ofens und machen die Unterhitze aus und die Oberhitze an. Nach 20 Minuten sollte es braun werden und schon fertig sein.

Wir schneiden den Kuchen in viereckige Stücke und gießen den Sirup gleichmäßig darauf (je nachdem, wie süß man es haben möchte).

Rezepte

nach

Dem Alphabet

Rezepte

L

M

S

T

Z

Über mich:

Nachdem ich in Deutschland ankam, habe ich verschiedene Theater- und Tanz-gruppen besucht. Ich habe dadurch viele Menschen kennengelernt und die Sprache gelernt.

Ich bin seit 2017 ein Mitglieder bei den Zollhausboys. Die Zollhausboys sind eine Gruppe von drei jungen syrischen ‚Bremer Neubürgern', Ismaeel Foustok, Azad Kour, Shvan Sheikho und verschiedenen Künstlern, der Berliner Sängerin Selin Demirkan, dem Musiker Thomas Krizsan, dem Musiker Gerhard Stengert und dem Schauspieler und Kabarettist Pago Balke, die gemeinsam ein grandioses musikalisch-satirisches Projekt erarbeitet haben. Die Zollhausboys haben zwei Programme und bearbeiten verschiedene Themen wie Flucht, Heimat und Fremdheit. Die Themen stellen wir berührend und satirisch auf der Bühne dar. Außerdem gibt es verschiedene Ausdruckstanz-Szenen von mir in dem Programm. Mittlerweile spielen wir in sehr vielen Orten bundesweit und bringen unsere Lieder, die unsere Geschichte erzählen, auf die Bühnen Deutschlands.

Zollhaus ist die Flüchtlingsunterkunft, in der ich meine ersten beiden Jahre in Deutschland verbracht habe. Daher kommt auch der Name unserer Gruppe.

Außerdem mache ich im Jahr 2021 mein Abitur an der Oberschule am Leibnizplatz in Bremen und würde gerne danach studieren.

Seit 2018 bin ich ein Stipendiat bei der Joachim Herz Stiftung in dem Programm „Grips gewinnt" in Hamburg. Durch das Stipendium erhalte ich viel Unterstützung und besuche viele Seminare, wo ich ganz viele außergewöhnliche Menschen kennenlerne.